禅の言葉

シンプルに生きるコツ

枡野俊明
Shunmyo Masuno

大和書房

はじめに

「禅」の考え方は、今や日本ばかりでなく、欧米諸国などにも広く受け入れられています。アメリカやドイツ、シンガポールなどといった国々から、禅の庭をつくってほしいという問い合わせが私の所には随分と来るようになっています。また日本でも、坐禅《ざぜん》を組むためにお寺を訪れる人たちが急増しています。私が住職を務める建功寺《けんこうじ》にも、老若男女を問わず多くの人たちが早朝の坐禅会に足を運んできます。ふと立ち止まって、自分の生き方を模索したい。そんな時代背景があるのかもしれません。

さて、こうしてある種のブームともなっている「禅」ですが、そもそもその成り立ちはいかなるものなのか。「禅語」とは何か。法事などで住職が行う説法とはどう違うのか。何となくイメージはもっているものの、詳しいことはよく知らない。そんな読者の方のために、「禅」の成り立ちや「禅語」の意味を少し記しておきたいと思います。

そもそも仏教というのは、お釈迦様《しゃかさま》が説かれた教えが元になっています。この苦難に満ちた世の中、理不尽な悲しみや苦しみの中で、人はどう生きればいいのか。人生にとって、何がいちばん大切なことなのか。いわば、生きていくための心の拠《よ》りどころを説いたのがお釈迦様なのです。

そんなお釈迦様を慕って、多くの弟子たちが集まりました。お釈迦様のように悟りを開きたい。その一心で弟子たちは修行に励んできたわけです。そうして、弟子からまたその弟子へと受け継がれていったお釈迦様の教え。その教えが受け継がれていくうちに、仏教はとてつもない広がりを見せるようになったのです。

お釈迦様に同じように教えを受けても、その弟子によっては受け止め方が少しずつ違ってくるものです。お釈迦様の説法を聞く中でも、それぞれの琴線に触れるものはおのずと違ってきます。もちろん大本の考え方は受け継ぐわけですが、弟子たちの個性によって枝葉がどんどん広がっていくわけです。

わかりやすくいえば、本家と分家みたいなものでしょう。基本的には同じ価値観を受け継ぎながらも、それぞれの分家は個性をもつようになります。仏教もまた、こうして分かれていきました。お釈迦様のように悟りを開きたい。その思いは同じでも、悟りを開くための修行の仕方が分かれていきます。大きく分けてそれは「他力本願」と「自力本願」ということになります。

「他力本願」は生きていく流れの中で、自然と悟りに近づけるように修行を積んでいきます。一方の「自力本願」は、自分の力によって悟りを開こうとするものです。厳しい修行を積んで、自らの力で悟りの境地にたどり着こうとする。そういう一派の中で、とりわけ坐禅を組むことを修行の第一に考える人たちがいました。

ただひたすらに坐禅を組む。坐禅を組むことで精神を整え、自らの姿を省み、その結果として悟りへとたどり着こうとする。これはお釈迦様が坐禅によって悟りを開いたとされる流れを忠実に汲《く》んだ考え方です。多くの弟子たちの中で、坐禅をもっとも重要だと位置づけた僧侶たち。いつしか彼らのことを「禅宗」と呼ぶようになっていったのです。

さて、では数多《あまた》の「禅語」はいかにして生まれてきたのでしょうか。もともとお釈迦様は、自らが言葉や説法を書き残すことはしませんでした。お釈迦様が説法の中で、いろいろなメッセージを弟子たちに送ります。その言葉を弟子たちが書き取り、一つの形にしました。これが「お経」であり、仏教の経典として伝えられたのです。

禅語は、禅門独特の言葉のことで、禅僧たちが厳しい修行に命がけで打ち込み、本来の自己に目覚めた後の、自由闊達《かったつ》な境地から発せられた言葉です。その言葉が、弟子から弟子へと脈々と伝えられ今日に至っているものです。すなわち「禅語」とは、お釈迦様の教えを元に、実に多くの禅僧たちによって生まれてきた言葉ということになるのです。

こうした「禅語」には、一つひとつに深い意味があり、生きるヒントが託されています。禅では、無駄なこと、余計なものをそぎ落とすことが大切だとされています。つまりシンプルに考え、生きるということなのですが、実際「シンプル」を意識して暮らすというのは、なかなか難しいことでもあると思います。本書では、シンプルにするための心の持ち方、コツ、そして「シンプル人生」の効用を禅に求め、私なりの解釈をつけました。

シンプル＝禅は悲しみや苦しみをやわらげてくれ、再び一歩を踏み出せるような勇気を与えてくれる。生きていくためにもっとも大事なことは何かを教えてくれている。難しいことを考える必要はありません。ただ心の中を真っ白にして、「禅語」と向き合ってみてください。

もちろん書かれてあるすべての「禅語」が、今のあなたの心に染み込むということではないでしょう。あなたが今置かれている状況や、抱えている苦しみによって、「禅語」が語りかけてくるものも違ってきます。それでも、きっとあなたの心を励ましてくれる言葉はあるはずです。たった一つでもいい。その言葉を見つけてみてください。

一つの言葉との出会いによって、人生が大きく変わることもあります。どん底から這《は》い上がるきっかけになることもあります。自分にとって真に大切なものと出会うこともあるでしょう。そんな「禅語」と出会うきっかけに、本書がなれば幸いです。

合　掌

禅の言葉　シンプルに生きるコツ

もくじ

第一章「幸せ」について

いつもの毎日が変わる10の禅語

第二章 人とのつながりについて

大切な人との関わりを築ける10の禅語

第四章 悩みをほどく

「困りごと」「迷いごと」がスーッとなくなる10の禅語

第五章 社会との向き合い方

勇気と自信をもてる10の禅語

第六章 シンプルに生きる

毎日がいい一日になる10の禅語

著者
庭園作品

撮影　田畑みなお

第一章

「幸せ」について

いつもの毎日が変わる10の禅語

1

「希望」を携帯する。

一志不退（いっしふたい）

「自分はこういう人生を送りたい」。志をしっかりともつこと。志を立てたら、けっしてそこから引かないこと。他人の意見に惑わされたり、一時の欲望に迷うことなく、わが志と共に歩み続けること。それが「一志不退」の意味です。

人間の一生は、限られた時間の中にあります。それは永遠に続くものではなく、いずれは終わりの時を迎えます。その与えられた一生をどのように過ごすか。人生において何を成し遂げるか。それは、自分自身で考えるべきことなのです。

よく「志を高くもとう」などという言い方をします。志に高いも低いもないと、私は思っています。自分自身が決めた志であれば、どんなものでもかまわない。まわりの人に優しくしようということでもいいし、しっかりと家庭を守るという志でもかまわない。大切なことは、それに向けて一生懸命努力をすること。その努力こそが、未来への希望となります。つまり希望というのは、はじめからそこにあるものではなく、自らの心が育んでいくもの、自分自身が見つけ出していくものなのです。

希望の裏側には、絶望があります。いくら志をもっていたところで、もはやそれを実行することさえできない。でも、そこで絶望してはいけない。あきらめてはいけない。一人ひとりの人間には、ものすごい能力が備わっています。その能力を信じて、前に進むこと。希望がないと嘆く人というのは、転じていえば自信を失っている人のことです。長い人生ですから、時に自信を失うこともあるでしょう。しかしどんな状況になっても、希望がまったくないという人生などありません。なぜなら、あなたが今そこにいること自体、生きたいという希望が叶《かな》っているのですから。

2

日に一度、感謝の気持ちをもつ。

安閑無事（あんかんぶじ）

安らかで平穏な状態を意味します。何の心配もなく、静かに暮らすことができる日々。何ものにもとらわれることなく、自由な心で過ごす日々。幸せとは何かと問われれば、まさにこういう状態こそが幸福なのだと答えるしかありません。平穏無事《へいおんぶじ》に過ごせること。これ以上の幸福はないのです。

平穏無事な生活に慣れてしまうと、人はもっと別のところに幸せがあると思ってしまいます。こんな生活はつまらない。もっと刺激的で楽しい生活があるはずだ。何の変化もない淡々とした日々ではなく、もっと変化に富んだ日常が欲しくなる。

さらに他人と比較しては、自分の生活を物足りなく感じて勝手に幸せ比べをしています。これほど愚かなことはありません。なぜなら、幸福とは絶対に比較することなどできないからです。もっているお金が多いか少ないかは比較できます。でもそれは、幸福を比較しているのではありません。単純に、手に入れた「もの」を比べているだけのこと。

そしてそんな「もの」は、いずれはなくなってしまうものばかり。あの世にまでもっていくことはできません。やがては手放すことになる。あの世にもっていけるのは、「ああ、いい人生だったなあ」という安寧《あんねい》の気持ちだけなのです。

ならば「よき人生」とは何か。突き詰めれば、穏やかで平穏な日々をいかにたくさん感じるかでしょう。一日に一度は、穏やかな時間に感謝の気持ちをもつことです。朝起きて、新鮮な空気を吸いながら感謝をする。「今日も、健康で目覚めることができた。また新しい一日を過ごすことができる」と。そんな小さな幸福感を積み重ねていくことで、「よき人生」をつくり上げていけるのだと思います。

3

祈りとは、「本来の自分」との出会いの場。

無念夢想（むねんむそう）

祈りとは禅語でいえば「無念夢想」。自分を縛っている自我や執着心、そして妄想から離れること。自分自身を苦しめている「とらわれの心」から解放されることです。

仏壇の前に座ってお祈りをしたり、お寺にお参りをするとき、あなたは何を祈っていますか。「仕事がうまくいきますように」「試験に合格しますように」でしょうか。これは「お祈り」ではなく「お願い」です。それはそれで気持ちが楽になったりしますから、いいことでもあるでしょう。しかし、本来の祈りとは違います。

「自分は何ものなのだろう」。ほとんどの人がそう考えたことがあるでしょう。それは、日々の暮らしをしていく中で、自分自身を見失うことがあるからです。人はそれぞれの場所で、さまざまな顔をもって生きています。果たして、どれが本来の自分の姿なのか。その悩みを解き放つために祈りがあります。人間は生まれたとき、執着心や雑念などはいっさいありません。それが人生を歩いていくうちに、多くの煩悩《ぼんのう》がまとわりつきます。その雑念で、鏡が曇るように本来の自分の姿が見えなくなるのです。本来の美しい自分の姿と出会うために、祈りはあるのです。

「仏」という言葉は、禅の世界では「本来の自分」と同意義で使われます。つまり、すべての人間には「仏」が宿っている。その「仏」と出会うために祈る。祈るとはすなわち、自分の心と対話することだと考えてください。この時間をもつことで、自分が見えてきます。この貴重な時間を、できれば一日に二度もってください。朝起きたときと夜眠る前に、静かに自分自身と対話をすることです。

4

人のために生きる。

無心風来吹（むしんにかぜきたりふく）

夏の暑い日に、そよそよと風が吹いてくる。それによって私たちは一時の涼をもらうことができます。しかし風は、何も私たちを涼しくさせようとして吹いているわけではありません。ただ無心に吹いているだけ。「無心風来吹」の意味です。

今の自分は、とても幸せな状態にある。いろいろなものを手に入れたから、少しでもまわりの人たちにそれを分けてあげたい。心に余裕があるときには、そんな気持ちになるでしょう。それは素敵なことではあるけれど、そこに計らいごとはいっさいありませんか？　この人に分けておけば、またお返しがもらえるだろう。あるいは自分が幸せを分けることで、ちょっとした優越感を味わったりする。もしもそんな気持ちが少しでもあるのなら、それは「分け与える」ことではなく、「押しつけている」ことになります。幸せの押し売りをしているだけなのです。

幸せとは分け与えるものではありません。自分がもっているものを分けるという発想ではなく、自分が何ももっていないのに他人に与えることが幸せを分けるということです。たとえば自分が幸せになりたいと願うなら、まずはまわりの人の幸せを考えることです。自分のために何かをするのではなく、まわりの人に尽くすこと。まわりの人の幸せを願うことです。あなたの幸せは、周囲にいる人すべてがつくってくれています。それが人間というものです。

幸せを分けてあげたいと思うなら、無心になってその人に尽くしてください。見返りを求めたり、自己満足に浸るのではなく、ただ無心になってその人のために何かをしてあげること。一陣の風になるがごとく、人のために生きることです。

5

自分のルーツをたどってみる。

仏法如大海（ぶっぽうたいかいのごとし）

宇宙の大自然の法則の大切さを説いたものです。父母がいて、私たちは誕生します。もう少し過去に目をやれば、父母にも祖父母にもそれぞれの両親がいます。一つの命が誕生するには、実にたくさんの人間の存在が関わっているのです。

私たちがこの世に生まれ、そして今日まで生きてこられたのは、仏性《ぶっしょう》（大宇宙）の計らいによってです。自分の代から一〇代遡《さかのぼ》れば一〇二四人の先祖が、二〇代遡れば、先祖の数は一〇〇万人を超えます。こうして綿々と祖先から受け継がれてきた命がどこかで一つでも絶えていたら、今のあなたは存在していません。この奇跡的な生命の尊さに気づくことを仏法といいます。

私たちが関わりをもつことができるのは、せいぜい祖父母の代まででしょう。その関わりを大切にすることです。たとえば、八〇歳のおじいさんが自分の祖母の話を五歳の孫にしたとしましょう。孫にとってみれば、それは二〇〇年も昔の話を聞くことになるわけです。その話を通して、孫は自分一人ではないということが実感として理解できます。先祖に対する感謝の気持ちが、自然と芽生えてくるのです。

神様や仏様は、つまるところ綿々と命をつないでくれたご先祖の中にいます。だからこそ、お墓参りを私は勧めます。悩みごとがあったり、心が疲れているときには、ご先祖のお墓に参ってください。私が住職を務める建功寺《けんこうじ》にも、お墓参りの人が毎日訪れます。そして誰もが、寺に来たときとお参りをして帰るときとでは表情が違います。帰るときには清々《すがすが》しい顔になっている。お墓の前で、その人だけの仏様に出会ったのでしょう。仏様は、あなたのご先祖とあなたの心の中にいます。

6

坐禅が穏やかな心をつくる。

喜色動乾坤（きしょくけんこんをうごかす）

喜びに満ち溢《あふ》れた人は、天地を動かすほどの力をもっているという意味です。いつも穏やかで嬉しそうな顔をしている人のところには、たくさんの人間が集まってきます。多くの人に囲まれることで、温かな交流や優しさが芽生える。なごやかな集まりの中には、一筋の希望が自然と生まれてきます。

今うまくいっていても、将来に希望をもてないという人がいます。明確な目標や夢がなくても、希望に満ちている人もいます。私は、後者のほうがいきいきした人生を歩んでいるように思います。人は、明日が明るいものだと信じられるからこそ生きてゆける。たとえ今がよくても未来に明るさを見出せなければ、常に不安感に襲われることになります。希望とは、人生を歩む力を与えてくれるものなのです。

希望というものは、人と人との関係から生まれてくるものです。イライラしたり、暗い表情をしていたのでは、誰も近づいてきてはくれません。そして人間は孤立することで、マイナス思考に陥ります。明日への明るさを失ってしまうのです。

いつも穏やかで明るい心でいること。そのために坐禅《ざぜん》があります。本書でも、私は幾度となく坐禅を勧めています。それは、坐禅の効用には科学的な根拠があるからです。心静かに坐禅を組んでいると、脳内にセロトニンという物質が出てきます。セロトニンはうつ病などの治療にも効果のある物質で、気持ちを安定させる働きをもっています。要するに薬などに頼らなくても、坐禅を組むだけで、脳内にセロトニンが出てきて、心を安定させることが医学的にも証明されているのです。

特に不安感は、夜に押し寄せてくることが多い。寝る前に五分坐禅をしてみてください。心穏やかに眠ることで、明日への希望が見出せるようになるのです。

7

自分に起きている小さな変化に目を向け、信じる。

少水常流如穿石（しょうすいつねにながれていしをうがつがごとし）

一生懸命やっているのに、ちっとも自分は成長しない。そういう人は自分の変化に気づくことができなかったのでしょう。「少水常流如穿石」は、ほんのわずかな水でも絶え間なく流れていると、やがては固い石にさえも穴をあけてしまうという意味です。あきらめずに一歩一歩進み続けることです。

自分が思っているように物事が進まない。こんなに一生懸命がんばっているのに、成果がまったく表れてこない。こんな経験は、誰にもあるでしょう。去年と今年を比べても、一歩も進歩していないような気がする。そこで嫌気がさして、あきらめてしまう人もたくさんいます。でも、あきらめてしまってはそこで終わり。何事も中途半端にしては、事を為すことなどできません。

自分が努力をしている限り、必ず人は前に進んでいます。遅々とした歩みかもしれませんが、昨日よりも今日は進んでいます。見えないほどの歩みでも、まったく同じ所に立ち止まっていることなどないのです。人間は、生きている限り必ずや進化を遂げているものです。自分自身の変化に目を向け、信じることが大事です。

修行僧である雲水は、毎朝四時に起床します。洗面を済ませて、朝の坐禅をする。就寝は一応午後九時。この生活を何年も続けます。これほどまでに規則正しい生活をするのは、日々の自分自身の変化に気づくためです。規則正しい生活をしていると、心身の変化に敏感になります。ほんのわずかな心の動きや、体調の変化にも気がつきます。つまりは、自分を知ることができるのです。

長い修行期間ですが、昨日の自分より今日の自分のほうが、ほんの少しだけれど成長している。そんな実感があるからこそ、厳しい修行に耐えられるのです。

8

不幸せだと思わないこと。

心外無別法（しんげむべっぽう）

幸福や不幸というものは、何かの形で現れるものではありません。それは、心のもちようで変わるもの。つまりは感じるということなのです。不幸になるというのではなく、不幸だと感じる。すべての現象や存在は、自らの心によって起こるもの。それが「心外無別法」の意味するところです。

　戦後の日本は、すさまじい勢いで発展を遂げました。加えてアメリカ型の文化がどんどん入り、ものの豊かさこそが幸せの証《あかし》だという考え方に染まってしまいました。お金やものがたくさんあれば幸せで、少なければ不幸なのだと。しかし近年では、そういう考え方に疑問が抱かれるようにもなりました。それはいいことだと思います。ならばお金は不要なものなのかと、よく質問されます。私は禅僧ですが、社会の中ではごく普通の生活を営んでいます。必要なものも買います。

　お金は必要なものです。たしかにお金がなければ困ってしまうでしょう。でも、それが不幸だとは思いません。困ることと不幸ということはまた別のことです。

　十分に恵まれているのに、自分は不幸だという人がいます。まわりから見れば、何の不足もないのに、それでも自分は不幸だという。こういう人はきっと、不幸の種を見つけるのが趣味なのでしょう。いってみれば「不幸思考」なのです。

　不幸にならないためにすることは、一つ。それは不幸と感じないことです。人生にはいいことも悪いこともたくさんあります。毎日のように小さな悪いことに遭遇する。それをいちいち不幸だと感じていたら、それこそ不幸だらけの人生になってしまいます。それではつまらないと思いませんか。小さなことにも幸せを感じる心。そして少々悪いことが起こっても、鈍感になれる心。この二つの心をもつことです。

9

小さな草花に心を寄せる。

柳緑花紅（やなぎはみどり　はなはくれない）

読んで字のごとく、草木は緑色に染まり、花は美しい紅色を見せてくれる。自然は、ありのままの姿を私たちに見せてくれます。その姿こそが真実のものであり、そこに不変《ふへん》不動《ふどう》の真理が宿っているという意味です。

日々のストレスなどに晒《さら》されて、幸せを感じる力が弱くなってきた。そう思ったら、自然の中に身を置くことです。たとえば、休日にトレッキングに出かけて、山の土を足に感じながら踏みしめてみてください。ときには歩みを止めて、土や石に触れてみる。花の匂いを嗅《か》いでみる。もっている五感をすべて使って、自然に触れることです。たったそれだけのことで、自分が生きているということが実感できます。その生きている実感の中にこそ、人間本来の幸福感が宿っているのです。

自然の中に身を置くことの幸福感。それは人間ならば誰もがもっている感覚です。ありのままの自然の中にいれば、ありのままの自分の姿が見えてきます。そこには、妄想も邪念もありません。他人と比較することもありません。まさに、自らの肌で幸せを感じているのです。

家の中に、ぜひとも自然を取り入れてください。たった一輪の花でもかまいません。窓際に飾って朝夕に水をやり、心の中で「きれいだな」と呟《つぶや》くだけでいいのです。そして花びらが枯れて落ちてしまったら、掃除機で吸うのではなく、自分の掌《てのひら》ですくってあげることです。枯れてしまった花を再び土に帰してあげる。ただそれだけのことで、きっと幸せを肌で感じることができます。人間とは、そういうふうにできているのです。

10

自分の庭がパワースポットになる。

時時勤払拭（じじつとめてふっしきせよ）

常に邪念や妄想などの汚れを払い除き、心を汚さないように努めることで、自分本来の清らかさが現れてくるという意味です。人間は心のもちようでよくもなれば悪くもなります。すべては、自分の心次第。足元をしっかりと見ながら生きること。それがすなわち精進することなのです。

パワースポットといわれる場所が日本中に点在しています。たしかにそういう場所は、浄化作用がとても高いところです。心が穏やかになり、執着心や妄想などを取り払ってくれます。しかし、ただその場所に行けばいいというものではありません。物見遊山気分で行ったのでは、ご利益はすっとんでしまいます。パワースポットに行った際には、心静かに祈ることです。雑念を取り払って、呼吸を整えながら祈ること。そういう姿勢で臨んでこそ、その場にいる意味が出てくるのです。

私は庭園デザイナーとしての仕事もしていますので、禅の庭に行くことをお勧めしています。禅寺は日本各地にあります。僧侶が厳しい修行を積んでたどり着いた境地。その境地を風景として表現したものが禅の庭です。そこには独特の美しさが宿り、見る人の心を癒やしてくれるのびやかさがあります。技術的なことや意味など考える必要はありません。座って、心を静めて庭を眺めるだけです。過ぎゆく時間を忘れるほどの穏やかさがあります。

日常的に禅の庭を眺めていたいのなら、箱庭のようにして自分でつくってみるのもいいでしょう。五〇センチ四方くらいの箱に、自分だけの庭を表現するのです。小石や砂や木の枝を拾ってきて、とらわれない気持ちでつくってみてください。もしかしたらそこが、あなただけのパワースポットになるかもしれません。

世の中に必要とされているという幸せ

幸福感とは何か。どんなことを幸せだと感じるのか。それは、時代や社会によって変わってくるものです。たとえば戦争中や戦後の食べ物のなかった時代には、白いお米のご飯を食べられるだけで幸せだったでしょう。真っ白い塩のおにぎりが何よりの御馳走でした。ところが豊かになった今の時代では、お米を食べるたびに幸せを感じる人は少ない。それが当たり前のことになってしまったのです。

またテレビが高級品だった時代には、家にテレビがやってきただけで、家族全員が幸福な気持ちになったものです。このように、何を幸せと感じるかは、生きている時代によって大きく左右されるものなのです。ただし、どんなに時代や社会が変わろうとも、人間として変わらない幸福感というのがあります。変わりゆくものと変わらないもの。これを松尾芭蕉は「不易と流行」という言葉で表しています。

では、どんな時代にも変わることのない幸福感とは何でしょうか。それは、**常に自分自身の存在が世の中に必要とされている。自分のしたことが、世の中の人や社**

会の役に立っている。その実感をもてることこそが、人間としてもっとも基本的でシンプルな幸せになるのです。

現代は、この実感が得られにくい時代になってきたと思います。一例を挙げれば、ものづくりというものがあります。昔のものづくりは、それをつくる人の顔が見え、また使う人たちの顔も見えていたものです。包丁職人が一生懸命に包丁をつくる。その包丁を使った人が、「あなたのつくった包丁は、本当に切れ味がよくて使いやすいよ」といってくれる。この御礼の言葉を聞くだけで、職人は自らの仕事にやりがいを覚え、喜びを感じたものでした。

ところが現代は技術が進歩し、どんどん機械化が進んでいます。かつては人が手でつくっていたものをロボットがつくるようになりました。たしかに自分の会社がつくったものですし、自分もロボット操作に携わっています。しかし、そこには実感が伴いません。売れ行きがいいのは嬉しいことですが、あくまでもそこには数字が躍るだけ。自分の会社の製品が誰かの役に立っているという実感が薄いのです。

一台の携帯電話機をつくるためには、ネジを提供したり、あるいは液晶の部分だけを製作したりと、たくさんの部品メーカーが携わっています。そうした分業化が進むにつれて、自分がつくった商品だという実感がどんどん薄れていく。つまりは仕事に対する喜びも感じられなくなってくるということです。

とはいっても、もう昔に戻るわけにはいきません。ならばこの社会の中で、いかにして幸せを実感すればいいのか。それは、自分のしていることが、きっと世の中の役に立っているのだと信じることです。自分は携帯電話の小さなネジしかつくっていない。でも、自分ががんばってつくったネジがあるからこそ、みんなが携帯電話を使うことができる。自分は包丁をつくるロボットを操作しているだけだ。でも、自分が適切に操作しているからこそ、切れ味のいい包丁ができる。自らの仕事を自らが評価してあげる。「どうせ自分のやっていることなんてたいして役に立たないんだ」と思わないで、**どこかで誰かの役に立っていると信じること。そんな自己満足もまた、現代社会の中で幸福感を得る方法ではないでしょうか。**

「同事《どうじ》」という言葉が禅の中にあります。これは、常に相手の立場になって物事を考え、見るという意味です。自分がしたことに対して、相手はどう感じているのか反対の立場になって考えてみる。そうすることで、相手が喜ぶことがわかってきます。そして相手が喜ぶことによって、自分も幸せな気分になります。この「同事」の気持ちをもつことが、結局は自分自身を幸せにする方法なのです。

たとえば、介護現場で仕事をしている人たちがたくさんいます。お年寄りのお世話をすると、「ありがとう」といってくれる。直接的に自分のしたことが評価されるのですから、この仕事はとてもやりがいのあるものだと思います。ただ、いつもその「ありがとう」という言葉をよく聞かなくてはなりません。

「ありがとう」といってくれたのだから、喜んでくれたに違いない。単純にそう理解するのではなく、昨日の「ありがとう」と今日の「ありがとう」の違いに心を寄せなければなりません。お年寄りからすれば、御礼をいうのは当たり前です。でもそれが、本当に感謝していっている言葉なのだろうか。あまり満足してないけれど、とりあえず御礼だけはいう。もしかしたらそういうお年寄りもいるでしょう。

　ものづくりも同じです。使ってくれた人が、「なかなか使いやすかったよ」といってくれる。それは嬉しいことですが、それを鵜《う》呑《の》みにするのでなく、その言葉が心からのものかどうかをもう一度考えてみること。常に相手の立場になって考えること。その心がけが何より大事だと思います。

「自分は誰かの役に立っている。誰かに必要とされている」。これがいちばんシンプルな幸福感です。どんな小さなことでもかまいません。たった一人の人に対してでもいいのです。「同事」の心をもって、この幸せを見つけてください。

「カナダ大使館」1991年

第二章

人とのつながりについて

大切な人との関わりを築ける10の禅語

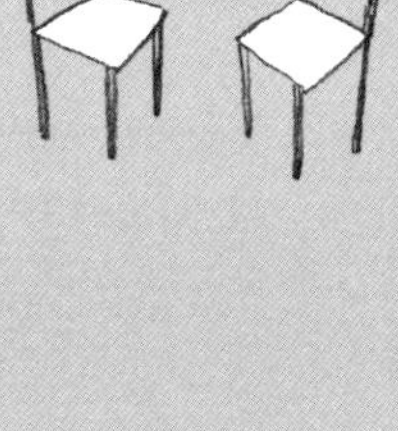

11

優しさを求める前に、優しくする。

本来空寂（ほんらいくうじゃく）

人は誰しも一人で生まれ、そして一人で死んでいく。病を患《わずら》うことも、老いていくことも、誰も代わってあげることはできません。たとえ家族といえども、それぞれが自分だけの人生を生きていかなくてはなりません。それが「本来空寂」の意味するところです。

人間は、本来孤独なもの。だからといって、すなわち寂しいというわけではありません。孤独と寂しさは、また別の次元であるように思います。

孤独というのはけっしてマイナスのことではありません。人間は孤独であるからこそいろいろなことを考えるし、他人に対して優しくなろうともします。孤独の中から生まれるものはたくさんあります。そういう意味で孤独感というのは、人間に与えられた「知」でもあるのです。

一方、寂しさというのは、自分が置かれた状況のようなものです。優しさを求めても、自分のまわりに優しさをくれる人がいない。自分の気持ちをわかってほしいと思っても、それを話す人がいない。ほとんどの寂しさというものは、こうしたことに起因するのではないでしょうか。誰かといっしょにいても寂しさを感じるということもあるでしょう。これは、結局はその人と心が通じ合っていないだけのこと。もしかしたら、通じ合うような努力を怠っているだけのことかもしれません。本当に寂しいと思うなら、優しさを求める前に、まずは自分が優しくする。相手の気持ちを理解する努力をする。自分自身が行動を起こさなければならないのです。

孤独は取り払えません。それが人間の宿命です。しかし、寂しさは、心持ち次第で解決することができるものです。孤独と寂しさをいっしょにしないことです。

12

励まし合える友人をつくる。

把手共行（はしゅきょうこう）

字のごとく自らの清らかな心と共に手を取り合って生きていくということ。苦しいときも悲しいときも、共に分かち合って人生を歩める友人をつくることです。そしてこの信頼関係を育てるためには、時間が必要です。互いの気持ちを十分に伝え合い、理解し合ってこそ生まれてくるものです。

友人ということに関して、最近少し気になることがあります。たとえば小学校に入学したときに、「友だち一〇〇人できるかな」などという歌を歌っています。つまり、友だちは多いほどいいということを小さいころから教えているのです。そういう刷りこみの中で大人になっていくと、友人をたくさんつくらなくてはと強迫観念に襲われます。友だちは多いほどいいというのは、現代社会が生んだ幻想だと思います。けっして数の問題ではありません。お互いに心から信頼し合い、尊敬できる友だちをいかにつくっていくか。それこそがいちばん大事なことなのです。

人生というのは一人旅です。しかし一人では生きられない。互いに励まし合ったり助け合ったりしながら人は生きてゆく。そういう本当の仲間がいることが、尊い人生だと私は考えています。その時間の中で、もしかしたら関係が壊れてしまうこともあるかもしれない。しかし、それもまた人生というもの。相手が嫌がるのを追いかけても仕方がありません。「縁がなかった」というだけのことです。

もし「本当の友人がいない」と嘆いている人がいるとすれば、それは自分の心を開いていないからでしょう。この人と共に歩みたいと思う人がいれば、まずは自分の心を開くこと。そして、たくさんの人に開く必要はありません。多くの友人と広く浅くつきあうより、数は少なくとも深くつきあうことです。

13

相手のことを、全人格をかけて信じる。

以心伝心（いしんでんしん）

「絆《きずな》」とは、互いに断ち切れないほどの強い結びつきのことです。この結びつきはどのようにして生まれるのか——。それは言葉や理屈のやりとりからでなく、言葉にはできない心を伝え合うことでしか生まれません。すなわち「以心伝心」ということです。

人が人に本当に伝えたい思いや事柄は、文字や言葉に表すことができないと禅では考えられています。あるときお釈迦様《しゃかさま》が説法をされる際に、一本の睡蓮《すいれん》の花を弟子たちの前に差し出しました。まったく無言で差し出されたので、誰もがその意味を理解できない。お釈迦様が何をいいたいのかがわからずに弟子たちはぼーっとしている。ところがその中でただ一人、摩訶迦葉尊者《まかかしょうそんじゃ》だけが微笑したのです。言葉を介すことなくお釈迦様の心がわかったのです。そして、彼がお釈迦様の後を継ぐことになったという言い伝えです。

言葉なくしてもわかり合える。たとえば「絆」でいえば、親子の絆がいちばん強いといわれます。心からの信頼関係があるからです。親は子どもを心から信じているという気持ちは、必ずや子どもにも届いています。これこそが強い絆の原点です。

絆を結びたいと思うのなら、信じてもらいたいと思う前に、相手のことを全人格をかけて信じ切ること。互いに信じ合うことができなければ、たとえ親子でも絆は生まれません。親子だから絆があって当然。他人だから深い絆を望んではいけない。その考え方は間違いです。それはもともとあるものではなく、生きていく中で生み育んでいくものというとらえ方をすることです。そしてもう一つ。心から信じることができる相手かどうかを見極める目を養うことです。

14

縁の法則に則《のっと》る。

花無心招蝶　蝶無心尋花
（はなはむしんにしてちょうをまねき　ちょうはむしんにしてはなをたずぬ）

春になれば、蝶が花を求めて飛んできます。誰から学んだわけでもなく、至極自然に二つのものは結ばれています。これがいわば大自然の法則というもの。仏教の世界では、こうした大自然の法則を「因縁」と呼ぶのです。

縁というものは、誰にでも平等に訪れるものです。そしてこれは、人との縁だけではありません。仕事との縁もあるし、住む家との縁もあります。今勤めている会社や住んでいる街も、縁があってのことです。

ところが厄介《やっかい》なのは、縁には良い縁と悪い縁があるということ。どちらと縁を結ぶかによって、人生は大きく変わるでしょう。素晴らしい人と縁を結びたいのなら、その人とつきあえるだけの魅力を自分自身が備えておかなければなりません。せっかくいい仕事と縁があっても、それをこなすだけの力量がなければ縁を逃がしてしまうことになります。そして縁というものは、一度良き縁を結ぶことができれば、どんどんとそれがいい方向に進んでいくもの。縁が縁を運んできてくれるのです。

悪しき縁もそれと同じです。たとえば、ちょっとした夜遊びをしてそこで知らず知らずに悪縁を結んでしまう。気がついたときには犯罪に巻き込まれていた。そういう縁には早く気づき、すぐに断ち切ってください。

今、自分が結んでいる縁を客観的に見つめることも大事です。皆さんはお正月に初詣に出かけるでしょう。初詣のそもそもの意味は、前の年に結んだ悪い縁を断ち切るということなのです。これまでの悪い縁を断ち切り、良き縁がやってくるようにお参りする。それがもともとの意味です。

15

友人に心を砕く。

天地与我同根　万物与我一体

（てんちとわれとどうこん　ばんぶつとわれいったい）

この世に存在するものは、すべて同根。自分と他人とは一体のものであり、そこに何ら区別はないという意味です。皆同じ人間であり、同じ心をもっている。そこに優劣などはないし、まして損得勘定などが入り込む余地はありません。

第二章
人とのつながりについて

そもそも真の友人とは何なのでしょうか。一般的にいえば、心を許し合う友人ということになるでしょう。何でも悩みを打ち明けることができて、互いに本音でつきあうことができる。自分のことばかりでなく、相手のことも考えてあげられる。

こうした関係を築くためには、「損得を考えない」ことが必要でしょう。この人とつきあえば得をする。あの人とつきあっても何の得にもならない。さらにいえば、社会人になると、どうしても打算が入ってきます。あの人とつきあっておけば、いい仕事がもらえる。あのお母さんと友だちになれば、子どもの学校生活もうまくいきそうだ。そんな計算が生まれてくるのも仕方のないことだと思います。

しかし、そんな損得勘定が先に立てば、よき人間関係は築けません。冷静になって考えてみてください。あなたが得だと思ってつきあっている人は、何かのプラスになりますか。損をするからつきあわないと思っている人が、あなたに何かの被害をもたらしましたか。おそらくそんなことはないはずです。頭の中で考えている損得勘定というものは、実はたいした意味をもっていません。

せっかく真の友人になれる人なのに、勝手な思い込みでその関係を失う。人生においてそれはもったいないことです。互いに尽くし合うことから始めれば、自然と関係は深まってくるものです。まずは、真っ白な気持ちで人と接することです。

16

「AかB」の発想をやめると、余計な比較をしなくなる。

莫妄想（まくもうぞう）

生と死。美しいか醜いか。善か悪か。豊かか貧しいか。つい、人間は対立的に物事をとらえがちです。そして対立的にとらえることで、好き嫌いや善し悪しが生まれてきます。「莫妄想」とは、こうした対立的なとらえ方から抜け出しなさいという意味です。

まったく嫉妬心《しっとしん》を感じたことがないという人など、おそらくはいないと思います。では、どうして人は他人に嫉妬するのか。答えは簡単です。それは、自分と他人とを比較するからです。自分の立場と相手の立場を比べる。お給料の多さを比べる。家の立派さを比べる。ひいては子どもまでも比較の対象にしてしまう。そして、最終的には幸せ比べをやっている。他人の幸せを素直に喜べないというのは、他人と自分を比べているからです。人間とは、かくも比べることが好きなんですね。

たとえば幸せにしても、幸せか不幸せかをつい決めようとします。私は不幸せで、あの人は幸せだと。ちょっと待ってください。どこにそんな根拠があるのでしょうか。お金がたくさんあれば幸せで、少ししかなければ不幸せなのですか。美しい人はみんな幸せで、そうでない人は幸せにはなれないのですか。

人は人、自分は自分。自分の人生は自分だけのもの。他人のそれとはまったく別のものです。それを比較することは、冷静に考えれば無理なことなのです。幸せそうにしている友人がいれば、心から「よかったね」といってあげることです。あなたが友人の幸せを祝ってあげれば、それはいずれあなたに還《かえ》ってきます。今いる環境の中で、一生懸命に生きること。あなたにしか見えない幸福が、きっと見つかるはずです。

17

#「自分の目」で見つめると、好き嫌いがなくなる。

悟無好悪（さとればこうおなし）

人は、とかく評判や先入観に縛られて他人を見てしまいます。そうではなくて、何ものにも縛られずに、あるがままの姿を認めていくこと。そうすれば好き嫌いなどは自然となくなってしまいます。これが「悟無好悪」のいわんとするところです。

皆がいい人だといっているから、この人は好きになれるだろう。あまりいい噂《うわさ》を聞いたことがないから、あの人のことは嫌いだ。自分自身の目で見てもいないのに、先入観で判断してしまう。こういうことは、よくあることです。そしてもう一つ。〝タイプ〟という決めつけが、人にはあります。「あの人は私の好きなタイプ。嫌いなタイプだからつきあうのはやめよう」。もちろんこれまでの自分の経験などから、ある程度好き嫌いはわかるかもしれません。しかし、人間のタイプとは一人ひとりが違うもの。同じような外見の人でも、まったく違うものをもっているはずです。

その人を嫌いな理由。声や話し方、しぐさ、自分と違う価値観だから……。あなたがかけている色眼鏡で、勝手にその人のことを決めつけてはいませんか。まずは先入観を取り払って、自分の目でよく見ることです。悪い部分ばかりに目をやっていれば、誰のことも好きにはなれません。

ただし、色眼鏡をはずして、いい部分を見つけたとしても、どうしても好きになれない人はいるものです。人間ですから、好き嫌いは絶対にあります。どうしても好きになれない人がいるのなら、無理をしてまで好きになる必要はないと私は思います。ただし、嫌いになる必要もありません。無理をして関わることなく過ぎていけば、やがては疎遠になっていくものです。

18

客観的に他人とつきあう。

清寥寥　白的的（せいりょうりょう　はくてきてき）

心が透き通って明瞭である状態をいいます。自我や先入観にとらわれることなく、常に真っ白な心で接することで相手の真意がわかり、自分との接点を見出せます。意見や考え方をぶつけ合うのではなく、互いに接点を見つける心をもつ。こんな関係からは、絶対に好き嫌いという感情は生まれません。

人は皆、自分が好かれる存在でありたいと願っています。嫌われてもいいという人でも、本心では好かれたいと思っている。当たり前のことです。そして、嫌われたくないという意識があるために、嫌われることにとても敏感になります。

あなたがもしも誰かに嫌われていると感じていたら、その原因を一度冷静に考えてみることです。相手のことを考えても仕方がありません。おそらく、その原因は自我の強さにあるのではないでしょうか。「我が強い」という言い方がありますが、人間関係で起きる摩擦の多くは、この自我の強さによるものでしょう。

自我を大事にすることは悪いことではありません。誰もが自分を大事にする気持ちがあるし、自分の意見や考え方が正しいと信じています。それがひいては自信につながっていくわけですから、自我を大切にするのは当然でしょう。しかし、大切にすることと執着することは違います。自我にこだわるあまり、他人の意見を受け入れない。不平不満を口にする。これではまわりから嫌われて当たり前です。

不思議なことに、あなたが真っ白な心で接すれば、相手もまた素直な気持ちになります。自分を変えようとする努力をすることです。それでも嫌われたなら、もうその人と関わる必要はありません。わかってくれなかったのだと思えばいい。自我に執着することはいけませんが、自我をなくすこともないのです。

19

一人が好きということと、一人で生きることの違いを確認する。

受身捨身（じゅしんしゃしん）

私たちがこの世に生まれてきたのは、無数の因縁が結ばれた結果です。この地球という星に生まれたというのも、奇跡みたいなものでしょう。私たち人間は、まさに「身を受けた」存在。いただいた命だからこそ、他人や大自然のために尽くすことを、仏教の世界では「菩薩行《ぼさつぎょう》」と呼びます。

人間は、生まれるときも旅立つときも一人です。家族といえども、すべてを共にすることはできません。所詮《しょせん》人間は一人。突き詰めれば、そういうことになるでしょう。

とはいっても、人は一人で生きていくことはできません。他人と関わっているよりも、一人で自由にしていたほうが楽だという人もいるでしょう。でも、一人で生きていると思ってはいけない。一人では絶対に生きることができないことを知らなくてはいけないのです。あなたが今、生きていられるのは、目に見えないところでたくさんの人が支えてくれているからです。両親や兄弟と離れて暮らしていたとしても、遠くからあなたを一生懸命に支えてくれています。そのことに心を寄せなければいけません。そして、支えてくれる人に感謝をすることです。

「自分が生きていられるのは皆の支えがあるから」。そんな気持ちと感謝さえもっていれば、一人でいることは何も悪いことではないと思います。仲間と楽しむのが好きな人もいれば、一人静かな時間を過ごすのが好きな人もいます。それは単に性格の問題です。大事なことは、一人で部屋にいたとしても、心の中には家族や仲間の姿があること。そして、あなたを生かしてくれている自然に尽くすこと。ベランダの花に毎日水をやる。それだけで、感謝の気持ちは生まれてくるのです。

20

心を開ける場を大切にする。

露《ろ》

寝食を共にしながら、隠すことなど何もない。それが家族というものです。家族の中にいれば、何一つ自分を飾ることもなく、体裁を気にすることもありません。「自分自身をすべてむき出しにできる」。それが家族です。「露」というのは、すべての心をむき出しにするという意味の禅語です。

私たちは社会に出ると、さまざまな人間関係をもつことになります。学校の友だち、会社の仲間、近隣の人たち。その関係を上手に維持するためには、自分を抑えることも必要になってきます。本音をいい合うのは悪いことではありませんが、あまりにも心を露にして接すれば、そこには必ず摩擦が生じます。よき関係を続けるために、誰もが少しの壁をつくりながら接しているものです。この壁はけっして悪いものではなく、人間関係を円滑にするための「知恵の壁」ともいえるでしょう。

ところがそのような環境で生きていれば、自ずとストレスなどが生じてきます。自分自身を露にできないもどかしさ。素直に感情が出せないイライラ。これらを解決してくれる場所が「家族」なのではないでしょうか。たとえ言葉がなくとも、そこにはわかってくれる人がいる。「ただいま」と帰ってきたときの声を聞くだけで、その日の気分がすぐにわかる。それが家族の絆というものでしょう。

たいした会話がなくても、そこに家族がいるだけでいい。両親と離れて暮らしているのであれば、ときには電話で声を聞かせてあげてください。心が疲れたときには、両親に電話をかけてみてください。その懐かしく温かな声を聞くだけで、いろいろな垢《あか》が落ちていくものです。そして、電話をかけた後に、自分の顔を鏡で見てください。きっと優しい表情になっています。

日本人らしいつながりを取り戻す

他人を信じられない世の中になってしまいました。このように書くととても寂しい気分になりますが、人とのつながりというものを考えたときに、私はそう思わざるを得ないのです。

どうして人が信じられない世の中になったのか。その大きな要因は、企業の人間関係の変化にあるような気がします。仕事をしていくうえでは、やはり競争というものが存在します。他社との競争ばかりでなく、社内にも競争はあります。同期入社などには必ずライバルがいて、互いに切磋琢磨《せっさたくま》しながら努力をします。これはとてもいいことです。お互いにがんばることで双方が成長していくわけですから。

ところがこの競争の仕方が変化してきました。ライバルに勝つために、自分がより一層の努力をするという考え方ではなくて、ライバルに勝つために、相手を引きずり降ろそうとする。要するに高め合う関係ではなくて、蹴落とし合う関係になってしまいました。互いの粗《あら》を探し合って、何とかして蹴落としてやろうとする。それは、ときには人格否定にもつながってきます。

こういう環境で仕事をしていれば、何を信じていいのかがわからなくなります。どうして自分はこんなことをしているのか。相手を蹴落として勝ったとしても、残るのは後味の悪さだけ。逆に信じていた人間に蹴落とされれば、もう人間不信に陥って心のやり場を失い、やがてはうつ状態になってしまう。そんな人がたくさんいます。

これは本を正せば、アメリカ型の個人主義によるものだと私は考えています。アメリカという国は多民族社会です。いろいろな民族の人が共存しているから、考え方や習慣は違って当たり前。仕事に対する取り組み方や他人とのつきあい方もバラバラです。そういう中で評価をしようとすれば、結果だけを見るしか方法はありません。つまり、プロセスはどうでもよくて、結果さえよければそれでいい。結果を出すためには手段を選ばない。他人を蹴落として結果を出すことは悪いことでも何でもない。そんな価値観が根づいているわけです。

ですからアメリカ人を見ていると、彼らは負けることに強いと感じます。個々人が勝負をして、勝ったり負けたりする。当然勝つときもあれば負けるときもある。常にそういう環境にいるために、負けたとしても「今度勝てばいい」と思うことができる。ところが日本人は、一度負けてしまったら、途端にシュンとなってしまいます。もう自分は終わりだと思ってしまう。会社同士の勝負に負けてもさほどショックは受けないのですが、個人同士の勝負に負けると立ち直れなくなってしまう。つまり、日本人というのは昔からグループで動くのが好きで得意な民族なのです。

仲間意識をしっかりともち、互いの欠点を補い合う。そういうつながりの中で生きてきたのです。一人が失敗しても、まわりの皆がそれをカバーしていく。評価もしかりです。グループで成果を上げれば、そのグループの皆が評価される。たいして貢献をしていない人間も、同じグループの仲間として評価してもらえる。もしかしたらそれは、互いに甘え合う関係かもしれない。もたれ合ったつながりかもしれない。しかし日本人というのは、昔からそういう関係の中で生きてきたのです。そんな日本人の気質に、アメリカ型の個人主義は合いません。これは企業に限ったことではなく、ボランティアグループや地域社会の組織も同じです。日本人の心になじまない個人主義はやめにして、グループ意識を取り戻すことだと思います。

また、地域社会におけるつながりも薄れているといわれています。かつては同じ地域に住む人たちは、同じ価値観を共有していた。同じ仕事をして、同じような生活を営んでいた。家族構成や生活のレベルも似たようなものでした。こういう環境

では、自然と地域のつながりは生まれてきます。ところが現代は、同じ地域の中にもいろんな考え方を持った人が混在しています。仕事も違えば家族構成や生活のスタイルも違う。そういう中で地域を一つの箍《たが》で括《くく》ることは不可能なのです。**同じ地域でつながりを共有するのではなく、同じ価値観や嗜好《しこう》といったもので共有できる「場」をつくっていくこと。**趣味のサークルをつくったり、子育て中の親のグループをつくったりと、地域社会にとらわれないつながりを考えることが大事ではないでしょうか。

「つながり」という言葉がありますが、今は「つながり」の形が変わってきています。昔のようなつながりに縛られないで、新しい形のつながりを創造していかなくてはなりません。同じ会社にいるのだから、わかり合わなくてはいけない。同じ地域に住んでいるのだから、同じ行動をしなくてはいけない。そういう執着心は捨てて、自分にとって心地いいつながりを探すことです。日本人がもっている気質を大切にしながらも、新しい形の関係を築いていくことが求められているのです。

「つながり」とはたった一つではありません。人間の数だけ、それぞれの「場」の数だけ「つながり」はあります。そしてそれは与えられるものではなく、互いの努力によって生み出されていくものなのです。

「翠風荘」　無心庭　白雲の滝　2001年

第三章

働くことについて

いつもの仕事が変わる9の禅語

21

「働く」とは、誰かのために仕事をすること。

萬法一如（ばんぽういちにょ）

人間をはじめ、すべてのものの根源は皆同じです。全部がつながり合って成り立っています。自分も家族も他人も、皆同じ。自分だけが幸せになるということはあり得ません。つながり合っているからこそ、皆が互いのことを考えながら生きる。それがこの禅語の意味するところです。

あなたは何のために働いているのですか。どうして仕事をしているのですか。そう聞かれると、おそらく多くの人は「それは生活のため」「家族を養っていくため」「もっと豊かな暮らしをするため」と答えるのではないでしょうか。つまりは、お金を稼ぐために働いているということです。仕事をしてお金を稼がなければ、今の世の中では生きられない。子どもを育て、幸せに暮らすためにはお金は必要です。ならば問います。もしも暮らしていくのに十二分なお金があったとしたら、あなたは働くことをやめるのでしょうか。もしも働く気がしない、働かなくても十分に食べていける。心からそう思うなら、働かないのはあなたの自由です。

ただし、働くことの意味というのは、お金を稼ぐためだけではありません。目的の一つにすぎない。もっとも大切なことは、自分がもっている特技や技術などを生かして、他人や社会のためになることをする。それこそが人間が働く意味なのです。

社会のために、何かをすることです。あなたがしたことで、まわりの人が笑顔になる。「ありがとう。助かった」と感謝してくれる。この喜びこそが、生きている実感だと思います。仕事イコール他人の喜びととらえてみてはいかがでしょう。きっとそこには、あなたができるものがあるはず。まずはそれを探すことです。働く気になれないというのは、人生に背を向けていることと同じです。

22

お金に縛られない。

結果自然成（けっかじねんになる）

どんなことにおいても、血の出るような努力をすることなくして、成功などありえない。結果というものは、その人の努力によって自然に生まれてくるものです。

雲水たちは、毎日厳しい修行を積み重ねています。たとえ真冬の雪が降り積もる日であっても、朝から御堂を拭き清めます。三六五日休むことなく修行を続け、少しでも身も心も清めてゆく。寝ながらにして、心を磨くことなどできません。

お金がたくさん欲しい。もしもそう思っている人がいるのなら、あなたはそれだけの努力をしましたかと聞きたい。もちろん何の努力もせずに、たくさんのお金が入ってくる人もいるでしょう。努力以上のお金を得る人もいます。ただし、そんな人たちはごく稀《まれ》で、ほとんどの人は努力と結果が結びついているものなのです。

また、もっとお金が欲しいといつも思っている人は、お金に執着している人です。すべてをお金に結びつけ、お金にばかりとらわれている。この仕事をすればいくらになるか。この仕事は儲からないからやめよう。そしてお金にとらわれている人のところには、不思議なことにお金は集まってきません。私のまわりにも、いわゆる成功者という人がたくさんいます。彼らに共通することは、今、自分がするべきことに全身全霊《ぜんしんぜんれい》を込めているということです。結果に目を向けるのではなく、目の前のことだけに心を集中させている。これが真理ではないかと私は思っています。

それに、必要以上のたくさんのお金をいったい何に使おうとしているのでしょう。洋服ダンスも靴箱もいっぱい。食べるものも十分すぎる。他に何が欲しいのですか。

23

自分を磨きに磨く。

枯木裏龍吟（こぼくのりゅうぎん）

たとえ枯木であっても、強い風に煽《あお》られて龍のような鳴き声を出すという意味です。枯木は、一見何の役にも立ちません。邪魔なばかりで、存在さえ無駄だと思われる。しかし強い風で、その存在感はまわりの動物をも恐れさせられる。この世の中に、役に立たない人間など一人もいないということです。

働くところがないと悩んでいる人の中には、二通りの人がいるように思います。一つは、自分がやりたいことと今いる職場が食い違っている人。いわゆるミスマッチです。もう一つは、自分に自信がもてない人です。自分には才能や能力がない。何をやってもうまくいかない。そうなれば、積極的に働く場所を探すことさえ躊躇《ためら》ってしまう。そんな人ではないでしょうか。

ミスマッチの場合は、自分の考え方を変えること。誰もが自分の思いどおりの仕事をしたいものです。でも、現実的にそれはとても難しいこと。ほとんどの人は、多少の不本意の中で働いているものです。それでも一生懸命続けていく中で、仕事のおもしろさを発見し、いつのまにかそれが天職となっている。仕事とはそういうものだと思います。まずは目の前に与えられた仕事と真摯《しんし》に向き合うことでしょう。

そして二つめの自信がもてない人。どんな人間でも、この世に存在している意味は必ずあります。大きな仕事を為さなくてもいい。たとえ小さな働きでも、きっとそれが誰かの役に立っている。第一、仕事に大きいも小さいもありません。あなたが一生懸命にやっていること、それがすなわちもっとも尊いことなのです。あなたが働く場所は必ずあります。世間の評価などに目を向けず、真っ白な心で探してください。受け身になるのではなく、自分の能力は自分で磨いていくことです。

24

結果に執着しない。

水到渠成（すいとうきょせい）

水が流れるところには、自然に渠《みぞ》ができます。水の流れが止まってしまえば、たちまち渠はなくなってしまいます。無心になってひたすらに努力を続けていれば、必ず道は開けてくる。これもまた、人生の真理であるのです。

仕事をしていく中で、できるだけ成果を出したい。それはごく当たり前のことです。成果を出せばまわりから認められる。評価をされるというのは、人間にとってはとても大きな喜びにもなります。ただし、成果ばかりに執着してはいけません。

現代の日本は、あまりにも成果だけが重要視されるように思います。これはやはり、アメリカ型社会の影響だと私は思います。アメリカは多民族国家です。つまり、仕事の進め方のプロセスが人によってそれぞれ違います。仕事に対する考え方も、取り組み方もそれぞれです。そういう社会では、どうしても成果だけが評価の基準になってしまいます。言いかえれば、どんなやり方をしても、結果さえよければそれでいい。日本では、こうした考え方はなじまないような気がしています。

日本人というのは、結果を出すまでのプロセスを評価する民族です。一生懸命に努力をしたけれど、成果が上がらなかった。そういう人でさえも評価するという伝統があります。生きていくうえで、これは素晴らしい考え方だと思います。なぜなら、人生とは成果が出ないことのほうが圧倒的に多いからです。努力が必ず実るとは限らない。それが人生というものです。でも、投げ出してしまってはいけません。努力の歩みを止めてしまえば、やがては生きる意欲もなくしてしまいます。そうなれば元も子もありません。成果は大事ですが、そこに執着しないことです。

25

とにかく続けることが成功への近道。

面壁九年（めんへきくねん）

わき目も振らずに今与えられた仕事に集中すること。投げ出さずに継続すること。それが成功への近道です。禅宗の初祖である菩提達磨大和尚《ぼだいだるまだいおしょう》は、中国の少林寺で九年間、ひたすら壁に向かって坐禅《ざぜん》をしていたという伝説があります。これほどの継続があればこそ、悟りを開くことができたのです。

仕事に対してやる気はあるけれど、実力がまだまだ伴っていない。焦る気持ちばかりが募って、失敗をしてしまう。こういう悩みをもつ人というのは、生真面目な人だと私は思います。ただし、必要以上に焦ったり落ち込んだりしてはいけません。どんな仕事でも、一人前になるには何年もかかるものです。数か月や二、三年で完璧にできるような仕事などありません。まずは目の前の与えられた仕事とじっくり向き合い、そこに精神を集中させることが大事です。

　自分には力がない。まわりの人についていけない。そう思ってしまうのは、まわりの人と比較をしているからです。社会というのは相対的なものですから、他人と自分を比較するのは仕方のないことでしょう。比較することで見えてくるものもあります。でも大切なことは、誰と何を比べているのかをよく考えることです。

　人がもっている能力は、それぞれ違いますから、単純に比較することはできません。まわりの人と比較して、よし自分も負けないようにがんばろうと思うならいいのですが、そこで落ち込むようならば、不要な比較はしないことです。自分を信じて、今の仕事を一生懸命に続けてください。人間国宝になったある職人さんがいっていました。「人間国宝をめざして仕事をしていたわけではありません。毎日の仕事を淡々と六〇年続けたら、知らないうちに人間国宝にされていたのです」と。

26

「済んだことは仕方がない」と思う。

無一物中無尽蔵（むいちもつちゅうむじんぞう）

「無一物」、つまり何もないところにこそ、「無尽蔵」、すべての可能性が秘められている。何もないところにこそ真理が宿っている。転じていえば、何ものにもとらわれない心の中にこそ、すべてのものがありのままに映っている。これが「無一物中無尽蔵」の意味です。

不幸にして、災害などで多くのものを失ってしまう。家や財産などもなくしてしまう。あるいは事業に失敗して会社を失ってしまう。それは精神的にも相当な打撃となるでしょう。でも、それが「すべてを失った」ことになるのでしょうか。

一生懸命に築いてきたものを失うのは辛いことですが、それはけっして「すべて」ではありません。人生の中で手に入れてきた一部を失ったにすぎないのです。すべてを失うとは、すなわち命をなくすということです。命さえあれば、あなたが思っている「すべて」のものはいずれ取り戻すことができます。

人間は本来、何ももたずにこの世に生まれてきます。そして生きていくうちに、いろいろなものを手に入れます。お金やもの、あるいは社会的な立場というものです。忘れていけないことは、手に入れたものに対して強い執着をもたないことです。一旦手にしたものを失いたくない。そう思えば思うほど、人間は不安に襲われます。

多くのものを失ったときには、深い絶望感に襲われるかもしれません。一時はその絶望感に身を置いてもかまわない。しかし人間はいつか、歩き出さなければなりません。何かを失ったときには、もう一度きちんと周囲を見つめ直し、ゆっくりと呼吸を整えてみてください。悔やむ心に執着していると、前に進めません。済んだことは仕方がない。そう思える強さを、人間は生まれながらにもっているのです。

27

「一つずつ」が仕事の原則。

竹有上下節（たけにじょうげのふしあり）

竹には上下の節があります。この節があるからこそ、真っすぐに長く伸びることができるのです。仕事も竹と同じように、一つひとつを完結して行わなければなりません。いかに能力が高い人であっても、複数の仕事を並行して行うには限界があります。一つひとつ順番に。これが仕事の原則でしょう。

目の前にいくつもの仕事がたまっている。一つの仕事をやり始めたら、また新しい仕事を指示される。どの仕事も中途半端になる。こういう人は得てして、自分には能力がないのだと思っているでしょう。でもそれは、能力のせいではありません。

仕事の整理が苦手な人は、時間の使い方がうまくいっていないのでしょう。またこういう人に限って、綿密なタイムテーブルをつくります。午前中にはこれをして、午後二時までにはこれを終わらせて……と。仕事でも家事でも同じこと。スケジュールを綿密に考えるということは、不安の裏返しでもあります。終わらなかったらどうしようという不安。予定が狂うという焦り。ところが実際には、予定どおり進むことばかりではありません。そこに縛られていると、仕事に集中できなくなります。少し気持ちに余裕をもって、ざっくりとした時間の中で仕事を進めることです。第一、焦ったからといって仕事が早く片づくことなどありません。

もう一つのアドバイスは、上手に気分転換をすることです。自分の中で仕事が一段落したときや、あるいは行き詰まったときには、五分でいいから気分転換をすること。窓を開けて外を見るもよし、外に出て深呼吸をするのもいいでしょう。あるいは椅子に座ったままで、ゆっくりと呼吸をしてみる。そんなちょっとした気分転換が、竹の節の役目を果たしてくれるでしょう。

28

なりたいものになる。

風吹不動天辺月（かぜふけどもどうぜずてんぺんのつき）

月はどんなに風が吹こうと、雲のように流されることはありません。そういう微動だにしない心をもつことです。「これは自分が選んだ仕事。誰が何といおうと、この仕事にかけてみる」。そう自分自身で決めた瞬間に、それがあなたの天職になるのです。天職とは、自分自身の心が決めるものです。

自分のやりたいことが明確になり、それを仕事にすることが叶《かな》う。なおかつ才能も備わっていて、まさに充実した日々を送ることができる。これこそが自分の天職だと思える。人間にとってこれほど幸福なことはないでしょう。

しかし現実的には、そんな理想的な状況はなかなかありません。ほとんどの人は、どこかで自分と仕事の折り合いをつけながらがんばっているのです。理想と現実は違うもの。でも理想をあきらめることはありません。理想にはたどり着かないかもしれないけれど、その道のりの中に自らの居場所を求めることです。

たとえば、将来プロ野球選手になりたいと思うとする。ところが現実は、その夢が達成されるのはごく一部の人だけです。しかし、野球を取り巻く環境の中には多くの仕事があります。道具をつくる仕事、それを選手に提供する仕事、野球場での仕事。そういった仕事に従事することもまた、大きな喜びではないでしょうか。

「人はなりたいものになれる」とは言い切れない。でも「人はなりたいものになる」というのは、事実ではないでしょうか。たとえば、絶対にこれだけは嫌だという仕事をあなたは選ばないでしょう。ということは、あなたが選んだのは、やってみたいという気持ちが少なからずある仕事です。一〇〇%ではないが、二〇%はやりたいと思っている。ならばその二〇%に集中することです。

29

選ぶのは一つだけ。

八面玲瓏（はちめんれいろう）

あれもしたいこれもしたい。あっちにも行ってみたいけど、こっちも捨てがたい。あるいは自分が得をしそうなものにばかり目が移る。そんなつまらない計らいごとをいっさい捨てれば、人生はもっと素晴らしいものになる。それが、この禅語の意味です。

子育てや家事で、仕事に集中できない。せっかくキャリアアップのチャンスなのに、子どもがいるから叶わない。そんな悩みを聞くことがあります。

私は聞きます。あなたの人生にとって子どもや家事は邪魔な存在ですか？　不要な存在ですか？　そう聞くと、ほとんどの人は「そんなことはありません。皆、私の人生にとっては大切なものです」と答えます。一つひとつが大切なことだと考えるなら、そこに序列などつけることなく、心から大切にすることです。

皆大切だといいながらも、どこかで序列や優劣をつけていませんか。そう考えた瞬間に、子どもの存在はマイナスになってしまいます。これでは自分自身も苦しみますし、子どもにとっても幸福なこととはいえません。今の自分にとっていちばん大切なことは何か、もう一度考えてみることです。

現実には子育てをしながら仕事をするのは大変なことです。十分な手当てができないこともあるでしょう。そんなときはこう考えてください。あなたが今背負っている大変さは、必ずあなた自身を成長させてくれます。それは仏様からあなたに与えられた試練です。抱えているものを比較したり序列をつけたりするのではなく、今という一瞬に目を向けて取り組むこと。子どもといるときには子どもに集中し、会社では仕事に没頭する。そういうシンプルな発想で物事を見ることが必要です。

自分だけの色を見つける

私たちは何のために働いているのでしょうか。もちろん第一義は生きていくため、生活していくためです。つまりはお金を稼ぐために働いている。これは当たり前のことです。しかし、仕事をするとは、ただ単にお金を稼ぐためではありません。やはりそこには、充実感というものが求められます。自分の仕事が誰かの役に立っている。自分がやったことがまわりから評価される。その喜びこそが、人生の喜びへとつながるのです。

多くの人たちが、会社などのいわゆる組織で働いています。○○会社の○○部という与えられた場所で仕事をしています。そこで勘違いしているのは、同じ会社の同じ部署で仕事をしているのだから、みんなが同じ仕事をしているという考え方です。たしかに、大きな括《くく》りでいえば同じ仕事をしているのかもしれません。しかし中身をよく見ると、そこには個性というキラキラとしたものが宿っているのです。

一〇人の同僚がいたとしても、一〇人がまったく同じ仕事の進め方をしているわけではありません。性格も特技も違うわけですから、仕事の進め方は十人十色です。どんなマニュアルがある職場においても、知らないうちに個性というのは現れてくるものです。たとえばファストフード店の店員さんをよく観察してください。どの店員さんも、お客様に対する言葉は皆同じで、マニュアルどおりの言葉づかいをしています。ところが、その中でも自然とお客様が集まる人がいる。同じ買うのなら、あの店員さんの列に並ぼうと思わせる人がいる。同じ「ありがとうございました」という言葉をいっても、その言葉に込められた思いが強い店員さんのところには、たくさんのお客様が引き寄せられるのです。同じ仕事をしているように見えても、実はそれぞれの個性というものは現れてくるものです。

自分にはどのような個性があるのか。自分の得意とすることは何か。そして自分は何をしたいのか。まずはそれを見つけることです。仕事の中には苦手なこともあります。いくら努力しても、まわりの人に敵わないものもあるでしょう。でも、そこでめげてはいけません。あの仕事は敵わないけれど、この仕事なら負けない。そういうものを見つけ、スキルを磨く努力をすることです。すべての仕事に向かないという人などいません。

デパートの総合案内所で働く女性がいました。一日に何十人というお客様の案内をしています。彼女はどちらかというと、若いお客様への対応が苦手でした。もちろんそつなくこなすことはできますが、恥ずかしさも手伝ってか、少しぎこちない対応になってしまいます。ところが反対に、お年寄りのお客様への対応は素晴らしかったのです。ずっと祖父母といっしょに暮らしてきたので、お年寄りを見ると自分の祖父母のように思えるのでしょう。まわりの同僚は、どちらかといえばお年寄りの対応は苦手でした。そこで彼女は、いつのまにかお年寄り担当のようになっていったのです。彼女の案内はいつしか評判となり、わざわざ彼女に会いにデパートにやってくるお客様まで出てきたのです。彼女ののんびりとした話し方や接し方が、お年寄りにとってはとても心地よかったのでしょう。

評判を聞いた人事部は、彼女を案内係から呉服売り場へと抜擢したのです。これは彼女にとっても願ってもないチャンスでした。一生懸命に呉服の勉強をし、休日には自分のお金で着付け教室などにも通ったそうです。その努力は売り上げに現れ、とうとう彼女は呉服売り場でいちばんの稼ぎ頭になったのです。

のんびりとした話し方や接し方。それは見方を変えれば、欠点でもあります。なかには、彼女のことを「仕事が遅い」と指摘する人もいました。ところがその欠点が、みごとに長所となって現れたのです。自分にしかできない仕事。自分だけが出せる色。それを見つけたわけです。これこそがキャリアというものだと思います。

今、キャリアに執着する人が増えてきました。いい大学を出たり、難しい資格を取得したり、あるいは企業の中で目立つ活躍をしたり……。そんなキャリアこそが大事だと考える人がたくさんいます。たしかにそれもキャリアの一つであることは間違いない。でも、仕事をしていくうえでのキャリアとはそれだけではありません。自分の得意なこと、自分にしかできないこと、たとえ小さなことであっても、地道にそれを積み重ねていく。それもまた、立派なキャリアだと思うのです。

また、キャリアとは仕事に限ったことではありません。たとえば子育ても、人生にとっては素晴らしいキャリアの一つです。自分のキャリアをもっと磨きたいから結婚はしない。子どもがいると今まで築いてきたキャリアが台無しになってしまう。そんなふうに躊躇《ちゅうちょ》する人もいると聞きます。キャリアという幻想に執着しているのでしょう。「人生のキャリア」を積み上げること。結局それが仕事に還元され、ひいては自らの人生を豊かにしていきます。そういうものだと思います。

そしてもう一つ、これが自分の得意な仕事だと思ったら、がむしゃらに努力することです。がむしゃらに取り組む時期こそが、自分を成長させてくれるのです。

「ホテルルポール麹町　四階」青山緑水の庭　四階和室からの眺め　1998年

第四章

悩みをほどく

「困りごと」「迷いごと」がスーッとなくなる10の禅語

30

どうしようもないことは、流れに身を任せる。

任運自在（にんうんじざい）

世の中のすべてのものは、自ら運び動いています。自然を見ても、それはよくわかります。春になれば植物は芽吹き、夏に向かって花を開かせる。そこにたくさんの虫や動物が集まってくる。これらはすべて自然の計らいごとです。こうした大きな流れに任せて、人間も生きることが大事です。

私たちはつい、物事に対して損得で考えてしまいます。これは得なのか損なのか。計算というものが生まれてくる。そして計算どおりに運ばないところに、悩みが生まれてくる。あるいは物事に執着してしまう。これだけは手放したくない。これは絶対に手に入れたい。これもまた、思いが叶《かな》わないところに悩みが生じてくる。つまり人間のもつ悩みというのは、自らが生み出しているものが多いのです。

悩みには大きく分けて三つのものがあります。一つめは、自分の努力で解決できる悩み。たとえば仕事ができない、家事が苦手だといったものです。これらは自分の努力で解決するしかありません。やる気になればできることです。もし努力さえもできないと悩んでいるとすれば、それはたいした悩みではないということ。

二つめは、悩む必要のない悩みです。欲しいカバンを買うお金がない。楽しいことがない。やりたいことが見つからない。もしもこんなことに悩んでいるのなら、人生を無駄にしているようなものです。まずはこういう悩みを取り去ることです。

そして三つめが、自分の力ではどうしようもない悩みです。自分自身や家族が病気になる。災害に見舞われる。そんなときには、自然の流れに身を委《ゆだ》ねるしかないのです。人間にはとても及ばない見えない力。それに任せてみることも必要です。その中で生きる勇気を失わなければ、きっといい方向に運んでくれます。

31

「祈る」とは、心を空っぽにすること。

無心（むしん）

無心になるというのは、心の中にあるさまざまな計らいごとを取り払うことです。雑念を追い出して、裸の自分自身と対峙《たいじ》すること。その時間をもつことで、人間は自分自身を取り戻すことができるのです。「祈る」という行為は、まさに「無心」の状態をつくることです。

皆さんがお参りをするときのことを思い出してください。神社やお寺の本堂などに向かって、目をつむり静かに手を合わせる。帰り道は、どこか清々《すがすが》しい気分になっている。それはやはり、無心になる状態を感じたからではないでしょうか。

そういう意味で「祈る」という行為は、何も宗教的な儀式だけに限りません。お寺や神社でなくてもいい。自分自身が手を合わせる場所をもっておくことです。家に仏壇があれば、毎朝手を合わせることです。目を閉じて、「いってまいります」と一言だけでもかまいません。

仏壇がなければ、ご先祖や旅立った両親の写真に向かってでもいいでしょう。一日に一度、無心になる時間をもつことが大事なのです。

そして時間に余裕があるときには、坐禅《ざぜん》を組んでみてはいかがでしょう。部屋の中で静かに座り、自分の心と向き合ってみることです。邪《よこしま》な考え方を追い出して、心を何ものにも留めず空っぽにしておくことです。ただ無心になることで、今まで見えなかったものが見えてきたりします。

祈ることで悩みの本質が見えてきます。そして、悩んでいる自分を客観的に見ることができます。人間には、「祈る」という時間が不可欠だと私は思っています。

32

執着の心を一瞬消すだけで、悩みはなくなる。

放下着（ぼうげじゃく）

たった一瞬であっても、いっさいの執着心が消える時間をつくること。これが「放下着」のいわんとするところです。

悩みが生まれる原因は一つ。何かにとらわれているからです。欲望や夢、ときには人間にさえも執着してしまう。その執着心にこそ、悩みの発端があるのです。もちろんいっさいの執着心を取り払うことは容易ではありません。それは人間である限り、無理なことだともいえます。

執着心をまったくもたないことはできませんが、それらを減らしていくことは十分に可能です。悩みを少しでも減らすための、三つの考え方を記しましょう。

まず一つめは、人と比べないことです。いちいち他人と比較していると、比較したぶんだけ悩みが増えていく。要するに自分自身が悩みをつくり出しているのです。

そして二つめは、自分にないものは求めないこと。人にはそれぞれに得手不得手があり、それが個性につながっています。できることもあればできないこともある。どうしてもできないと思うなら、別の道を探ることです。これは、人が生きるための知恵です。そして別の道を探るためには、自分の能力はどこにあるかを知ること。

三つめのアドバイスは、ときには考えるのをやめてみること。悩みにつきあうのではなく、何も考えずにぼーっとした時間をもってみること。流れゆく雲を眺めてみる。道端に咲く一輪の花に目を向けてみる。「気持ちがいいなあ。きれいな花だなあ」と。この空白のような瞬間が、実は私たちにとっては、とても大切なのです。

33

心の安定が、病を遠ざける。

身心一如（しんじんいちにょ）

精神が安定すれば、病は遠ざかっていくものです。心の安定こそが、からだの調子を正常にします。心の病とからだの病でかかる病院は別かもしれませんが、原因は一つなのです。美しく規則正しい生活を心がけてください。

病気になるというのは、必ずや日常生活にその原因が潜んでいます。たとえば食生活。日々の食事を考えてみてください。必要以上の食事をとっていませんか。

私たち禅僧の食事は、基本的には野菜が中心です。一汁一菜といわれるように、野菜の煮付けや玄米ご飯、そしてお味噌汁です。もちろん現代社会で生活を営んでいるので、家族と食卓を囲むときなどは、一般家庭と同じようなものが並びます。それでも修行中の食習慣から、ほとんどは野菜主体の食事です。そういう食生活を続けていると、肌がきれいになります。からだにも余分な脂肪がつきませんから、身軽で若々しい姿になり、さらには病気になりにくいからだがつくられます。医学的な根拠云々《うんぬん》ではなく、自分の経験から僧侶の食生活のよさを実感しています。

さらにいえば、雲水たちはとても規則正しい生活をしています。毎朝四時には起床し、坐禅を組み、お経をあげた後に掃除をしてから朝ごはんをいただきます。この生活によって、心もからだも鍛錬されていくのです。そういう意味では、禅的な生活というのは素晴らしい知恵だと思います。

少しだけ僧侶の生活を取り入れてみてはいかがでしょう。今までより三〇分早く起きて、外の空気を吸う。からだが必要としている分だけを食べる。習慣のように嗜好品《しこうひん》をとらない。そんな生活を心がけるだけで、からだも心も整ってきます。

34

次々と問題が起きたら、次々と解決していく。

一心不生（いっしんふしょう）

ある人にとっては問題となり、またある人にとっては何の問題にもならない。ほとんどの問題とはそういうものです。そして、この世の出来事は、すべて仏によってあなたに与えられたものです。それを分別なく受け止め、自分にとってよきものとして考えること。それが「一心不生」の意味です。

人間は生きている限り、さまざまな問題にぶつかるものです。小さな問題から大問題まで、目の前にはいろいろ厄介《やっかい》なことが現れる。これは避けようのないことでしょう。この問題を、問題ととらえるのではなく、一つの事象、出来事と考えてみてください。ある出来事が起きる、それが問題となるのかならないのか。あなたにとっての障害となるのかそうではないのか。それを決めるのはあなた自身なのです。

誰もが抱えている問題というのは、実は一つだけで存在しているわけではありません。大きな問題と思われるものも、小さな問題が集まってできています。たとえば、日常生活において小さなマイナスの出来事が起きる。ちょっとしたことなので、すぐに解決しようと思えばできてしまう。しかし解決しないままに放っておくと、また別のマイナスの出来事が起きる。また放っておく。これをくりかえすことで、小さなマイナスの出来事が、いつのまにか大きくなってしまいます。これこそが大問題に発展していくわけです。大問題というのははじめから大問題ではありません。小さな問題を解決しないままにするから、それが肥大化してしまうのです。

ちょっとでも心に引っかかったり、心配の種になるようなものがあれば、すぐに解決の努力をすることです。一つずつ懸念事項をつぶしていく。そんな心がけをしていれば、大きな問題には発展しません。小さな問題なら、解決するのも簡単です。

35

無理に白黒つけない。

青山白雲（せいさんはくうん）

天地自然の中では、互いに対立して存在するものなど一つもありません。一見するとプラスとマイナスのように対立しているかに見えますが、実は互いに支え合うことで存在しています。プラスだけでは存在できないし、マイナスだけの世界もあり得ないということが「青山白雲」の意味です。

怒りという感情を考えたときに、その原因の多くは価値観や意見の食い違いにあるものです。どうしてあの人はこんなふうに考えるのか、自分にはとても理解できない。この思いが感情的になることで怒りへと変わる。これは、一言でいえば何にでも白黒をつけようとするからなのです。

白か黒か、正しいか間違っているか、あるいは善か悪か。ともかく白黒をはっきりさせようとするところに争いが生まれてきます。

怒りの感情は、人間の心の中に本来もっているものですから、それをまったくなくすことなどできません。いろいろなことに対して怒りを覚えることは、当然のことでしょう。ただし、その感情をストレートに出していれば、たちまち人間関係は壊れてしまいます。そうならないための方法をお教えしましょう。怒りの感情が芽生えたら、すぐにそれを言葉に出さずに、まずはおなかの中に落とし込むことです。すっと息を吸って、何か呪文を唱えてみる。「怒ってはいけない」と三回、心の中でいってみてください。「落ち着こう」でもいいし「まあ、いいか」でもいい。まったく関係のない言葉でもいいでしょう。自分なりの呪文をつくっておくのです。そして一瞬の間をおいて言葉に出せば、言葉の棘《とげ》がずいぶんととれているはずです。頭からおなかに落とすことで、怒りは半分になるものです。

36

「今していること」に集中する。

喫茶喫飯（きっさきっぱん）

お茶を飲んでいるときには、ただ飲むことだけに心を集中させる。ご飯を食べるときには、食べることだけに集中する。まさにお茶と自分を一体化させるがごとく、今という瞬間に没頭すること。これこそが、禅の考え方の原点であるのです。

人は自分が楽しいと感じることをしていれば、自然と笑顔になるものです。その笑顔がないということは、辛いと思うことばかりをやらされているということかもしれません。一般的には、遊びは楽しくて仕事はしんどいものだといわれています。だから遊んでいるときには笑顔に溢《あふ》れ、仕事のときには苦虫を噛《か》みつぶしたような顔になってしまう。でも本当にそうでしょうか。

たとえば、あなたが休日に大好きな画を描いたり、テニスをしたりして楽しんでいる。そのときは、笑顔でいるはず。テニスをしているときが楽しいのは、テニスに没頭しているからです。テニスと自分がまさに一体化している。だからこそ楽しいわけです。仕事のことなどを考えながらやっていれば、どんなに好きな趣味でも楽しくありません。仕事も同じです。楽しそうに仕事をしている人というのは、仕事に没頭しているのです。

人と話しているときにも笑顔が出てこない。気持ちがついていかない。それは、あなたがその人との会話に没頭していないからです。せっかく話をしているのですから、相手の話に一生懸命耳を傾けてみてください。相手が楽しいと感じていることを、あなたも自分自身のように楽しいと感じてみること。最近笑っていないなら、あれこれ考えずに、もっとシンプルに「今」という瞬間を生きることです。

37

今日を生き切る。

前後際断（ぜんごさいだん）

私たちには必ず明日という日がやってくるでしょうか。人生とは何が待ち受けているかわかりません。突然の災難によって命を奪われることだってある。明日にも大きな病が見つかることもある。だからこそ、この一瞬を絶対的なものとしてとらえることが大事なのです。

昨日、今日、明日。これらは一本の線でつながっている。一般的にはそう考えられていますが、禅ではそのようにはとらえません。とにかく最も大事にすべきは現在、今という瞬間です。それは今日という一つの点であり、その点が滞《とどこお》ることなくつながった先が明日ということです。人生は一本の線ではなく、いくつもの点が結ばれたもの。未来は、現在の延長線上にあるものではないのです。

鎌倉時代、世は争いごとに満ちていました。そんな時代に生きる武士たちにとって、この禅語は心の支えになっていました。明日に戦が始まるかもしれない。そうなれば、自分の命は明日でなくなる。だからこそ、生きている今日という日を大事にしなければならない。まさに禅の精神が広く受け入れられていたのです。

私が心から尊敬している禅師が、数年前がんを患《わずら》いました。お年でもあったので、私は心配して手紙を差し上げました。さっそくの返信には「おかげさまで、がんといっしょに楽しくやってます」とありました。この一言に私は心を打たれました。

人生には理不尽なことが起こります。病気や老いばかりでなく、事故に遭うこともある。それでも、人は生きていかなくてはなりません。流れゆく時間の中で、自分自身の心を変えていくしかない。過去を振り返らないという覚悟。現在を生き切るという信念。それをもつことが、すなわち前向きに生きるということなのです。

38

笑いかければ笑い返してくれる。

自性清浄心（じしょうしょうじょうしん）

人間は本来、きれいな心をもっているもの。そのきれいな部分を互いに出し合うことで、いい関係が生まれてくる。「自性清浄心」とは、そういう意味です。そして互いのきれいな心を引き出す最高のものは、やはり笑顔ではないかと思います。

第四章
悩みをほどく

人と人とが関わり合いをもつ限り、そこに行き違いや悩みが生じるのは、避けようのないことです。嫌いな人とはいっさいつきあわない。好きな人とだけつきあう。それで済むのならかまいませんが、社会生活の中でそんなことは不可能でしょう。

では、苦手だと思う人のことを考えてみましょう。あなたが、その人を嫌いな理由は何でしょう。何か嫌なことをいわれた。まわりの評判がよくない。自分を理解してくれない。おそらく原因はそんなものでしょう。しかしそれは、あなたが勝手に決めつけたイメージなのではないでしょうか。悪い人だ。私が嫌いなタイプだ。その人の本当の姿を見ようとせずに、あなたの心が勝手に決めつけているのです。

苦手な人が歩いてきたら、「おはようございます」と笑顔でいってみてください。きっと相手はびっくりするでしょうが、笑顔になるものです。そしてその笑顔を見たとき、「なんだ、この人も悪い人じゃないんだ」と気がつきます。それはそうです。生まれつき苦手な人などいるはずはありません。ちょっとしたボタンのかけ違いで、互いに誤解をしているだけなのです。

人間関係に悩んでいる人、人づきあいが苦手だと思っている人の特徴は、笑顔が少ないことです。先入観や執着心にとらわれているからです。まずは、まっさらな気持ちで人と向き合うこと。これが人間関係の悩みを解決する方法です。

39

呼吸を整えて、三毒を出す。

無事（ぶじ）

何事にも振り回されないことを意味します。

不要なことばかりに目がいき、それに振り回されている。それが悩みを生み出す原因となります。不要なものとは、仏教でいう「三毒《さんどく》」です。

「三毒」とは、人間の心に巣食っている三つの毒のことです。一つは「貪《とん》」。何でも貪《むさぼ》るように欲しがる欲望。欲望が達成されなければ、どうしようもなくイライラとしてくる。こうして貪りの心に支配されると、人間は幸せから遠ざかっていきます。もう一つは「瞋《じん》」。これは怒りを意味します。ささいなことで怒りの感情を覚える。それを抑えることなく言葉に表したり、相手にぶつけたりすると、人との関係はいっぺんに崩れてしまうでしょう。そして三つめが「癡《ち》」。これは、愚かさのことです。常識や道徳心をもたずに、教養に欠けている状態です。

この「三毒」を遠ざけることが、悩みを生まないいちばんの方法です。「三毒」が顔を出したら、まず呼吸を整えること。私は坐禅を勧めます。心静かに坐禅を組み、丹田呼吸する。それだけで気持ちが穏やかになります。もちろんこの坐禅は、しっかり基礎を習得していれば、お寺に足を運ばなくとも自宅でも十分にできます。

もう一つのアドバイスは、自然の中に身を置くことです。海を眺めてみる。山の中で、鳥の鳴き声に耳を傾けてみる。大自然の中に身を投じたとき、欲望や怒りが愚かなものであることが見えてくる。自然が不要な悩みを洗い流してくれるのです。

時間がなければ、通勤時に家を三〇分早く出て、または散歩に出て、道端に咲く花や小石を眺めながら歩く。家や心に悩みを閉じ込めていても、解決はしません。

変えられる悩みと変えられない悩み

生きるうえで、「悩み」はつきものです。まったく悩みのない人生などありえないし、悩んだことのない人などこれまでに出会ったことがありません。生きるということは、すなわち悩みと共に歩くことなのです。

さて、悩みには二つの種類があります。一つは自分の努力や考え方で変えることができるもの。そしてもう一つは、自分の力では変えられないものです。たとえば、よくある人間関係の悩み。これは必ず解決することができます。会社の上司とそりが合わない。同僚とうまくいかない。あるいは夫婦の関係がぎくしゃくしている。社会の中で生きている限り、人間関係の悩みは尽きることはありません。

ならばどうするか。その答えはただ一つ。自分自身が変わることです。上司とうまくいかないとしても、その上司を変えることはできません。「あなたとの関係に私は悩んでいますから、あなたの性格を変えてください」と、そんなことはいえるわけはありません。同僚も友人も夫婦も同じで、相手を自分に合うように変えることなどできないのです。

相手を変えることができないとしたら、自分が変わるしかありません。どうしてその人とうまくいかないのか。それには必ず原因がある。そして、その原因の半分は必ず自分自身にもある。一〇〇%どちらかが悪いということなどないのです。ならば、自分が悪いと思う五〇%を変える努力をすることです。それは言い方かもしれないし、態度かもしれません。とにかく気づいたところを修正してみることです。

人間関係とはおもしろいもので、自分自身が五〇%変えようとしないでも、三〇%変える努力が相手に伝われば、自然に相手も三〇%変えようとしてくれるものです。つまり自分が少し変わるだけで、相手も少し変えようと努力をしてくれる。要するに、変えるきっかけをどちらかがつくるかだけなのです。もし自分が変わる努力をしているのに、相手はちっとも変わってくれないというときには、あきらめてしまえばいいのです。これ以上よりよい関係を築こうなどとは思わず、適当につきあっておこう。いずれは互いに離れていくだろうと考えることです。その人との関係を続けたいと思うから悩みが生じるわけで、疎遠になってもかまわないと割り切れば、悩みはどんどん小さくなるものです。

次に人間関係以外の悩み。たとえば給料が少なくて家を買うことができない。今の仕事に満足できない。もっといい洋服がほしい――。これらの悩みは、すべて欲望から湧き出ています。仏教でいうところの「煩悩」です。**「煩悩」とは人間の心にもつ「三毒」のことです。「三毒」とは「貪瞋癡《とんじんち》」のこと。**「貪」とは貪りの心。何でも欲しがる欲望の心です。「瞋」は怒りの感情。ちょっとしたことで感情的になり、それがもとで人間関係などが壊れていく。そして「癡」とは愚かさのことをいいます。この三つの心を取り除くことで、いろいろな悩みは解消するでしょう。

お金がなくて家が買えなければ、別に買うことはありません。洋服もタンスを開ければ、所狭しと並んでいるはずです。これ以上増えてどうするのですか。仕事に満足できないと悩む前に、本当にその仕事に真剣に取り組んでいるかを考えることです。仕事というのは真剣に取り組んでこそ喜びが湧いてくるもの。一度必死になってやってみること。それでも合わないと思うのであれば、別の仕事を探せばいい。ただそれだけのことです。

自分の悩みをもう一度客観的に眺めてみてください。自分自身が変わることで、解決できるものが実はほとんどなのです。

次に、変えることのできない悩み。それは大切な人との別れでしょう。家族を亡くして「これから自分は、どう生きていけばいいのでしょう」。そんな悩みを相談されることがあります。この問いにどう答えればいいのか。前を向いて歩けるようにどんな言葉をかければいいのか。僧侶としてのいちばんの悩みでもあります。

亡くなったという現実は変えられません。いくら嘆いてみても、悲しんでみても、逝ってしまった人は戻ってはきません。ならば辛くとも、その現実を受け入れるしかないのです。人間には、受け入れることでしか解決できない悩みがある。その深い悲しみは、人間の力ではどうすることもできないのです。

　残された人間がするべきこと。それは、亡くなった人をいつも心に思うことです。その人の人生や意思を受け継いであげること。生きていれば、もっとこんなこともやりたかっただろうな。あんな所にも行きたかっただろうな。そう心に思うのなら、その願いを残された人が代わりに叶えてあげることです。生前に訪れたかった地に、代わりに行く。そして帰ってきたら、「あなたが行きたかった場所に行ってきましたよ」と御仏前に報告する。やり残したことがあるのなら、それを完成させてあげる。そんな一つひとつの行為が、やがて悲しみを受け入れる手助けになります。人生にはけっして変えられないものがある。その事実を受け入れることです。

「寒川神社」　神嶽山神苑　茶屋・和楽亭からの眺め　2009年

第五章

社会との向き合い方

勇気と自信をもてる10の禅語

40

「評価」は、たいして重要ではない。

動中静（どうちゅうのじょう）

静かな心は、静かなところでしか得られない。これは一般的な考え方で、禅ではたとえ騒がしい日常の中にいても、静かな境地を保つことができると考えています。そして、周囲の声に惑わされないために修行を重ねているのです。

社会の中で生きている限り、私たちはいろいろなものに惑わされています。自分の仕事がどう評価されているか。自分はまわりの人たちからどう思われているか。嫌われたりしていないだろうか。その程度はさまざまですが、いつもまわりが気になっている。それは、人間として当然のことでしょう。

しかし、こうしたことに神経質になりすぎると、やがては心を病んでいくことにもなりかねません。かといって、隠遁《いんとん》生活を送るわけにもいかない。社会といっさいの関わりを断って生きる。現実的にそれは不可能なことです。ならばいたずらに世間に惑わされないために、自分の心をコントロールしていくしかありません。

たとえば、「評価」とは何か。それはまわりがつくり上げるもので、自分があれこれとアピールするものではないのです。私はこれができる。私はこれほどまでに優秀だ。いくらそう叫んだところで、相手が認めてくれなければ評価にはつながらない。叫んでも評価されなければ、それが大きなストレスになるでしょう。

そんなことは気にせず、目の前のことに一生懸命に取り組むことです。その結果として評価されればそれでよし。されなくてもまたそれでよし。一生懸命にやったという充実感があれば、評価なんてたいして重要ではない。いっそ、そう考えてみてはいかがでしょう。世間の波から少し離れて、静かなる心を保ち続けることです。

41

私は私。あなたはあなた。

水急不月流（みずきゅうにしてつきをながさず）

「いかに水の流れが急であっても、その水面に映る月影を流すことはできない」という意味です。水の流れというのは、世間で起きていること。月影とは、自らの心を表しています。いくら世間に波風が立とうと、本来の自己は不動であることをいっているのです。

情報が溢《あふ》れる社会になりました。日々目にする情報の量は、五〇年前とは比べものになりません。それはよいことでもあるでしょうが、一方では知らなくてもいいことまで知ってしまう。いざ知ってしまえば、やはり人間ですからそのことが気になってくる。つい自分と比較してしまい、結果として心穏やかにいることができない。そんな時代になったのかもしれません。

溢れる情報を鵜呑《うの》みにしないことです。たとえば、女性が仕事をするのは当たり前の時代になってきました。結婚して出産すると、すぐに子どもを保育園に預けて仕事に復帰する。テレビでは連日、そんなバリバリ働く女性たちの姿が伝えられます。でも、それができる人もいればできない人もいる。自分にはできるのか。自分はどうしたいのか。それをしっかりと考えたうえで選択することが大事です。

また、今は長寿社会で七〇歳でも八〇歳でも元気だと、メディアは喧伝《けんでん》します。テレビには元気なお年寄りがはつらつと映し出されています。それなのに、自分は元気がない。そう思って落ち込んでしまう。そんな必要はまったくありません。テレビは元気なお年寄りしか映し出しません。

世間の波などは、横目でちらっと見るだけでいい。あなたがいいと思えば、それがいちばんです。

42

出番に備える。

夏炉冬扇（かろとうせん）

「夏のいろりと冬の扇子」。どちらもその季節には必要のないものです。しかし、一見すると不要に思われますが、どこかで誰かの役に立っている。あるいは、今は不要でも必ず必要になるときがくる。この社会の中に、まったく役に立たない人間などいないのです。

かつての日本社会は、「和」を大切にする社会でした。たとえば会社においても、チームが力を合わせて仕事を進めていく。チームの中には、先頭に立って引っ張っていく人間がいる。そのリーダーの下で走り続ける人たちがいる。そしてなかには、みんなに置いていかれて取り残される人もいました。仕事の能力が少しばかり足りなくて、いつもみんなに迷惑ばかりかけている。それでもチームは、その人間を切り捨てることはしませんでした。

置いてきぼりにされた人は「昼行灯《ひるあんどん》」などと呼ばれたものです。昼間の明るいときは、行灯の光が必要ありませんから。でも、仕事はいつも昼ばかりではありません。うまくいかないときや、先が真っ暗になってしまうこともある。そんなときに、「昼行燈」と揶揄《やゆ》されていた人間が、みんなの沈んだ気持ちを明るくしたりしたものです。彼もまた、チームや会社にとっては必要不可欠な存在なのです。

人に必要とされたい。それは人間の根本的な欲求です。会社ばかりでなく、家族や友人からも必要とされたい。そんな場所が一つでもあれば、人は強く生きられるものです。ただし、いつも必要とされることは難しい。あまり必要とされないこともたしかにあります。それでも、その状態がずっと続くことなどは絶対にありません。いつかは自分にも出番がくる。そう信じて、忍耐強く待つことが大事なのです。

43

笑顔を出し惜しみしない。

和顔愛語（わげんあいご）

いつもやわらかい笑顔で、心のこもった穏やかな言葉づかいをする。お互いにそういう心がけをしていれば、気持ちは自然とやわらいでくるものです。そしてそれは、ひいては社会全体を明るい雰囲気にしてくれるのです。

ギスギスとした世の中になってしまいました。家族や地域の関係性が変わったせいなのか、はたまた不況というものが招いているのか。社会全体が尖《とが》ったようです。尖った社会は、一人ひとりの尖った表情と尖った言葉から生まれるものです。ならば温かな社会を取り戻すためには、私たちもまた笑顔と優しい言葉を取り戻さなくてはなりません。

やわらかい笑顔と思いやりのある言葉。それは難しいことでも何でもありません。ちょっとした心がけ次第で、誰にでも簡単にできることでしょう。幼いころは皆、とても穏やかな顔をしているものです。純粋な優しさをもっていますから、言葉は拙《つたな》くても温かさがこもっている。そんな気持ちや表情を思い出してみることです。

仕事がうまくいかない。給料が減る。するとたちまち表情や言葉が尖ってくる。でも、家にまでそれを持ち込んではいけません。家に帰ったら、家族で温かい言葉を交わし合う。思いやりのある言葉で家族を包む。そうすることで、尖っていた自分自身を客観的に見ることができるのです。

たとえ嫌なことがあったとしても、朝には「おはよう」と笑顔で挨拶をしてみてください。笑顔を見せられて怒る人はいません。優しい言葉に尖った言葉を返す人はいません。人は皆、優しさをもっているもの。それを出し惜しみしないことです。

44

いつもの立ち居振る舞いを確認。

行住坐臥（ぎょうじゅうざが）

「行く」「止まる」「座る」「横になる」。「行住坐臥」とは、このような日常生活のすべての行為を表した言葉です。どんな場所でも、いかなるときにも、常に自らの立ち居振る舞いに気をつけること。美しい心とは、美しい振る舞いから生まれるもの。これこそが禅の基本となります。

心のもちようさえ正しく美しければ、言動はどうでもいい。大切なのは心なのだと、そういう人がいます。果たしてそうでしょうか。たとえば互いに深く知らない関係であれば、その心や本心はなかなかわかりません。本当は優しい心をもっていたとしても、乱暴な言葉づかいをされれば、きっと乱暴な人だと思ってしまう。雑な振る舞いをされれば、嫌な思いもするはずです。そして何より、やはり心の中は言動に現れる。心とからだは一体化したものなのです。

たとえば、外にいるときにはきちんとしているのが当たり前でしょう。ところが家に帰ると、たちまちいい加減な姿になってしまう人がいます。適当な服装をして、目に余るような姿で寝っ転がっている。部屋の中は乱雑で、食べ散らかしたものがたくさんある。「誰も見ていないのだからいい」「リラックスするためだから」。それは違います。雑な生活習慣が身につけば、それは必ず社会の外にも現れます。一生懸命に繕おうとしても、どこかでボロが出るもの。

何も家の中でまでスーツを着なさいということではありません。リラックスするのは大いに結構。でも、あまりにいい加減な格好はしないことです。美しい立ち居振る舞いは、日ごろの心がけで身につくものです。いつもわが身の行動を、自分自身でチェックすることです。

45

どこにいても幸せは見つかる。

人間到処有青山（じんかんいたるところにせいざんあり）

禅では、「随処《ずいしょ》に主となれ」と教えています。今いるところだけがすべてではない。たとえ違う場所に行ったとしても、その場所でがんばることによって、必ずそこが素晴らしい居場所になる。大切なことは、どこにいようと自らが主体となって生きること。青山は自分の力で見つけるものなのです。

今自分がいる場所にしがみつこうとする人がいます。自分にはこの場所しかないと。たとえば会社という場所。会社は星の数ほどあるのに、自分が勤めるべき会社はここだけだ。この会社にいてこそ、自分らしい仕事ができる。そう信じてがんばることは悪いことでもありませんが、あまりそこに執着しないことです。

今の会社ばかりにこだわりすぎると、リストラなどをされたら心の行き場を失ってしまうことになります。この会社をクビになったから、自分の人生はもう終わりだと。あるいは、自分が今暮らしている町や部屋に執着してしまう。もちろん住み慣れた町や家には愛着も湧くものです。しかし、あなたの居場所はけっしてそこだけではありません。たとえ別の場所に移り住んだとしても、必ずそこが第二の故郷になる。いや、そうできるだけの強さが、人間には備わっているのです。

人生は、何が起きるかわかりません。急に部署が異動になったり、別の会社に行かされたり、引っ越しを余儀なくされたりと、今日という日常が明日も続いていくとは限りません。常に変化していくのが人生というものです。そんな変化に見舞われたとしても、投げ出したりしてはいけません。

どんな場所であろうと、「主人公」であるあなたがしっかりしていれば、その場所はいつか輝きを放ってくる。必ず、青山は見つかります。

46

人に頼ると、自分を変えられる。

薫習（くんじゅう）

季節ごとの衣替えの折、古来より防虫香というお香が使われていました。その香りが衣服に移り、とてもいい匂いになる。これが「薫習」の語源です。同じく、人間も互いに影響を受け合って生きています。だからこそ、身を置く社会やつきあう相手を選ぶことが大切になってくるのです。

人間というのは、身を置く社会やつきあう人間関係に大きな影響を受けるものです。どんなに清廉潔白《せいれんけっぱく》な人物だったとしても、悪い集団の中にいれば、いずれは悪に染まります。反対に最初は邪《よこしま》な考え方をもっていたとしても、まわりに素晴らしい人たちがいれば、どんどんいい影響を与えられることになるのです。

自分が尊敬できる人物を見つけ、その人についていくことです。長年そうした人の傍にいることで、知らず知らずのうちに自分自身も成長してくる。そして、尊敬すべき人というのは、必ずあなたの傍にいます。何も大きな業績を残したり、肩書きのある人ばかりが尊敬の対象になるわけではありません。隣近所の中にも、尊敬できる人はきっといる。そういう人を見つけることです。

また、自分を変えたい、今までの性格を変えたいと願う人も多くいます。ところが年を重ねてくると、なかなか自分の力で変えることは難しくなってきます。頑固にもなりますから、自分の努力ではかなわない。ならば、他人の力を利用して自分を変えてみてはいかがでしょう。

つまりは、他力本願です。もっと明るい性格になりたいと思うなら、明るい人といっしょに行動する。もっと仕事ができるようになりたいと思うなら、できる人と行動を共にする。他人がもっているいい香りを、自分に移してみることです。

47

「社会」と、ときどき距離を置く。

白雲抱幽石(はくうんゆうせきをいだく)

白雲が、幽寂《ゆうじゃく》な石をただ抱くのみ。この禅語は、中国・唐代の僧である寒山が世間との関わりを断ち、一人静かに隠遁生活をした風情を表現したものです。人間は、時には一人の時間を過ごす機会をもつべきだということを示唆《しさ》しています。

いつも誰かといっしょにいることが幸福で、孤独になることは不幸だ。孤独とはいけないことである。そう考える風潮があるように思います。そう考えるのは間違いです。どんなに社会の中で生きていたとしても、人間というのは孤独なものです。家族であれ友人であれ、すべてのことを分かち合うことはできません。なのに、無理やりに共に生きようとしたりする。その無理がたたって、大きなストレスになってくるのでしょう。

たとえ社会の中で暮らしていても、ときには一人だけの時間をもつことです。それも、休日などに家にこもるだけではなく、一人きりの環境をあえてつくってみること。山や海に佇み、自然の中で自分自身を見つめる時間をもつことが大事です。

孤独になることは、すなわち、自分と社会の距離を冷静に見ることでもあります。どっぷりと社会の海に浸かるのではなく、そこから少し離れることで、悩みや懸念から解放されることもあります。「ああ、この悩みはたいしたことではないな」と思える。つまり、孤独になることで自己解放ができるわけです。

孤独になることを恐れてはいけません。また、日常の中で多くの人たちに囲まれていたとしても、精神だけは孤独になることもできます。社会を拒否するのではなく、社会から一歩離れる。そんな感覚です。孤独と孤立は、別のものなのです。

48

誰かのためにしてこそ、「生きる」始まり。

一日不作　一日不食

（いちにちなさざれば　いちにちくらわず）

いわゆる「働かざる者食うべからず」とは、まったく意味が違う言葉です。禅の作務《さむ》というのは、人が人であるための基本的行為を指します。人としてするべきことをする。社会のため、人のためになることをする。それこそが人間としての務めです。

「自分はもっとこうしたいから、そうなるようにしてくれ」。会社や社会に対して要望ばかりを出している。そしてそれが叶《かな》わなければ、すぐさま他人のせいにする。最近の風潮を見ていると、自分の希望ばかりを叫ぶ人が増えてきたように思います。「給料が下がったのは役員のせいだ。もっと給料を上げてくれ」「就職できないのは政治の責任だ。政府が悪いのだから、もっと生活保護のお金を増やしてくれ」。要望ばかりを突きつけて、自分で解決する努力をしようとしない。そこには、大いなる甘えが存在していると感じます。

もちろん、東日本を襲った大震災のようなものは別です。これは自分の力だけではどうしようもありません。日本国民すべてが手を差し伸べなければいけません。しかし日常的な困難などは、まずは自分自身で解決する努力をすることです。自分が為すべきことをしていないのに、他人の援助ばかりを待っていても仕方がありません。

社会というのは、互いに支え合うものです。やるべきことを放棄して、支えられることしか考えない人が増えれば社会は成り立たなくなります。どんな小さなことでもかまいません。今、自分ができることをする。小さな一歩でいいから、自分の足で歩き続けること。その姿を見てこそ、人は手を差し伸べようとするのです。

49

「時間」は自分でコントロールする。

山中無暦日（さんちゅうれきじつなし）

世間を離れて隠遁生活を送る隠者にとっては、世の中の暦などは関係ありません。禅では、この「山中」は「本来の自己」を指しています。常に自らが主体となって時間や空間を使いこなす。時間に使われるのではなく、使い切ることの大切さを説いています。

定年退職をしたら、悠々《ゆうゆう》自適《じてき》な暮らしを楽しみたい。子どもの手が離れたら、自分の時間を満喫したい。誰もが「悠々自適な生活」に憧れを抱いているようです。では果たして、この悠々自適な生活は、若いころにはできないのでしょうか。定年を待たなくてはいけないのでしょうか。けっしてそうではないと私は思っています。それは現実の時間のことではなく、心のもちよう。あるいは時間に対する意識の違いだけではないでしょうか。

社会で暮らしていれば、守るべき時間というものがあります。九時までには出社しなければいけない。午後には取引先と約束がある。あるいは子どもを夕方までに迎えにいかなくてはいけない。そういった決められた時間があるのは、当たり前のことです。それを守ることは社会のルールです。

しかし一日中、その社会時間に縛られているわけではありません。会社が終われば自由な時間ですし、仕事中でも五分や一〇分の自由時間はあるはずです。その時間に気持ちをさっと切り換えることで、実は悠々自適な日々が送れるのです。「忙しい」と口癖のようにいう人は、社会時間にしか目を向けていないのでしょう。ルールを守りながらも、自分が主体になって時間を使う。その術を身につけることで、コントロールできるようになります。

世間の常識とは？

人間は社会動物ですから、世間や社会と関わらずに生きていくことはできません。いくら好き勝手に生きようとしても、必ずどこかでは世間と関わらなくてはなりません。大切なことは、自分自身の生き方と社会との距離感ではないかと思います。

さて、「社会通念」とか「世間の常識」という言葉があります。これらはいったい何なのでしょうか。たとえば、結婚適齢期などがそれです。三〇歳までに結婚して、三五歳になるまでに子どもをもうける。そして五五歳になれば、子育てから手が離れる。まるでモデルケースのように、今もこういう常識がしっかりとあるのです。

「社会通念」もしかりです。高校や大学を卒業したら、どこかに就職して仕事をする。六〇歳を過ぎれば、仕事を引退してのんびりと隠居生活に入る。誰が決めたわけではありませんが、このような「世間の常識」なるものが、私たちの心にはあるものです。

これには二つの見方があると思います。まずは、こうした「常識」がどうしてできあがっていったのか。客観的に考えれば、昔からの統計から導き出されているからでしょう。一〇代の後半にもなれば、大人のからだになって、十分に労働に耐えることができる。だから働かなくてはいけない。女性ならば二〇代で出産すれば、体力的にも楽だ。もちろん個人差はありますが、多くの人に当てはまるものとして、いつのまにか「常識」が生まれてきたのです。こういった常識や通念は、むやみに否定するものではないと思います。そのとおりにしなければならないということではなく、一つの指標として考えることは大事です。

たとえば、会社にも伝統的に受け継がれてきた常識があります。かつての先輩たちが残してくれたノウハウや理念がある。ところが若い社員の中には、受け継がれてきた常識に反発を覚える人もいます。「そんなやりかたは古い」「今はそんな常識は通用しない」と。もちろん新しいノウハウを築いていくことも重要です。ただし、それまでの通念や常識を頭から否定してはいけません。これまで残っているということは、どこかによい部分があるからこそです。本当に不都合で理不尽な常識ならば、とっくに消えているはずです。

今も残っている世間の常識。単純にそれを否定するのではなく、どうしてそれが残っているかを考えてみること。残っているよい部分は取り入れて、合わないと感じる部分は排除していけばいい。感情的に「世間の常識」なるものに目くじらを立てないで、冷静にそれらと向き合うことです。

もう一つの見方は、いたずらに常識にとらわれないことです。今度は逆で、世間の常識だからと鵜呑みにする必要はありません。「大学を卒業したら就職しなければならない」「三〇歳までには結婚しなければならない」「四〇歳になったから家を建てなければならない」。こうして「ねばならない」に縛られて生きていると、いつかは自分自身を見失うことになります。**世間の常識に振り回されることなく、しかもよい部分は取り入れていく。上手に距離感をとることが大事**だと私は思います。

話題は変わりますが、近年ではお年寄りの「孤独死」が増えています。「孤独死」というよりも「孤立死」なのでしょう。たった一人社会から孤立して、誰にも看取られないままに亡くなっていく。こんなことは五〇年前には考えられませんでした。

これは、家族の形態が変化したことに原因があります。かつて日本人は、三世代がいっしょに暮らしていました。いつも子どもや孫たちが傍にいてくれる。そんな安心感に包まれてお年寄りは暮らしていました。ところが社会構造の変化や欧米型の価値観が入る中、いつしか家族がバラバラに暮らすようになってしまいました。

この傾向に歯止めをかけなくてはなりません。地域を三世代が住みやすいようにしていく。あるいは三世代が同居する家を建てたときには、大幅な減税措置をする。企業もできるかぎり同居しやすいような環境を整える。政府も地域社会も企業も、皆が知恵を出し合って考えるべきことです。大きな方向転換と意識改革が求められているのではないでしょうか。

やはり社会の最小単位は「家族」です。その家族がしっかりとしていなければ、地域も社会もバラバラになってしまいます。これは子育てにとっても大事なことです。父親は毎日忙しい日々を送っていますので、なかなか子どもと接することができない。相談ごとや悩みごとがあっても、そのはけ口がない。もしお祖父さんやお祖母さんがそばにいれば、子どもはいつでも心を開くことができます。場合によっては、親には相談できないことでも話したりできる。それは子どもにとってもお年寄りにとっても、とても幸せなことなのです。

そして、やがては大好きな祖父母が亡くなるのを目にする。涙を流しながらそれを見送る。「人間は、いつかはこうなるんだよ」。祖父母は最期にそう教えてくれる。そんな経験が子どもの情緒を育み、思いやりのある人間にするのです。**社会や世間との向き合い方。その原点が、家族にあることを忘れてはいけません。**

「祇園寺客殿」 聴楓庭 2004年

第六章

シンプルに生きる

毎日がいい一日になる10の禅語

50

日々の暮らしの中にこそ、真実はある。

喫茶去（きっさこ）

私たちの命は、この大宇宙で一つだけのもの。それもたった一回の限りあるものです。だからこそ、今という一瞬を大事に生きなければなりません。一杯のお茶をいただくときにさえ、無心になって喫すること。一瞬の積み重ねで人生は築かれているということです。

私たちが生きている日常というものは、実に淡々とした日々のくりかえしからなっています。ところが多くの人はその日常をつまらないと感じ、つい特別なことや刺激を求めるようになります。もっと楽しいことはないだろうか。こんな生活は退屈だと。しかしよく考えてみてください。一年のうちで、特別な「ハレの日」はいったい何度あるでしょうか。わくわくと心が躍るような一日。そんな日は、一年に何度もあるわけではありません。何より、毎日のように「ハレの日」があったとしたら、もうそれは刺激的な日ではなくなってしまいます。家族旅行にしても、一年に一度か二度くらい行くから楽しいのであって、毎月のように行っていれば飽き飽きしてしまうでしょう。

特別な日ばかりを追い求めるのではなく、淡々とした日常の中に幸福を見つけることです。仕事や家事が一段落したときに、一杯のお茶を飲む。ほっと一息つきながら、お茶を飲むことだけに心を集中させてみる。「ああ、おいしい」という言葉が自然と口をついて出る。この瞬間にこそ、生きている実感が宿っているのです。「つまらないなあ」「何かおもしろいことはないかなあ」と口癖のようにいう人がいます。こういう人は、自らが不満を生みだしているようなもの。足元を見ることです。日々の暮らしの中には、たくさんの宝石が散らばっているものです。

51

先立った人の遺志を受け継ぐ。

感應道交（かんのうどうこう）

師と弟子が互いに心を感じ合う関係を築くという意味です。心が通じ合っていれば、たとえ師が亡くなっても、弟子は歩むべき道を見失うことはない。人は大切な誰かを亡くしても、心を感じることができる。肉体は存在しなくても、そこには心が残っています。

肉親や友人、あるいは心から慕う恩師に先立たれる。自分の人生にとってかけがえのない人を亡くすこと。これほどの深い悲しみは、他にはありません。納得することのできない理不尽な死の悲しみ。私たち人間というのは、その理不尽さと闘い続けてきたのです。理不尽な悲しみに見舞われている人に向けて、私は語るべき言葉をもっていません。ただ一ついえる言葉があるとすれば、それは「悲しみに背を向けないでほしい」ということです。悲しみに耐える必要などありません。亡くなった人を思い浮かべ、涙がかれるまで泣くことです。この世に生を受けるということは、誰しも必ず旅立つときがくる。その真実を心に留めながら、思い切り慟哭《どうこく》することです。やがて涙がかれ果てるその時が来るまで、まわりを憚《はばか》ることなく泣く。それは、弱いことでも恥ずかしいことでもないのです。

亡くなったその人は、きっとあなたに多くの言葉を残しています。その言葉を一つひとつ思い出すことです。そしてその言葉をノートに記して、読み返してみてください。そこには深い愛情が溢《あふ》れているはずです。その言葉を抱きながら、あるいはその人の笑顔を写真で見ながら、前を向いて歩いていくことです。いちばん悔しい思いをしているのは、亡くなった当人です。その人のためにも、残された者は生きなくてはいけない。それが、先立った人の人生を受け継ぐということなのです。

52

未来に続く道を歩き続ける。

脚下照顧（きゃっかしょうこ）

未来とは、遠くのほうにぽつんとあるものではありません。現在の延長線上にあるものです。その場所にひとっ飛びで行くことはできないし、誰かが連れていってくれるものでもありません。自分の足で、自分の力で一歩ずつ進んでいくしかないのです。

思えば子どもだったころ、誰もがキラキラと輝く未来を夢見たものでしょう。大人になり、夢を叶《かな》えた自分の姿がそこにはあった。明るい未来が待っていることを信じて疑わなかった。しかし人生を重ねていくうちに、やがては現実という壁にぶつかる。そこで打ちひしがれ、自分の未来を信じることができなくなってしまう。もう自分にはキラキラとした明るい未来などないのだと。

ならば尋ねます。あなたが思うキラキラと輝く未来とは、何ですか？　未来に夢を抱くことは、とても大切です。どんな小さな夢でも、私たちの心に一筋の光をもたらしてくれるものです。でも、夢がいきなり現実になることはめったにありません。そこに向かって歩き始めなければ、どんな夢にもたどり着くことはない。ただ立ち止まっていては、未来に続く道を探すことはできないのです。

いずれにしても思いどおりにならない未来に対して、ああだこうだといっていても仕方がありません。それよりも、まずは今できること、今するべきことに必死になって取り組んでみること。自分の足元にしっかりと目を向けながら、一歩一歩進んでいくことです。今この本を読んでいるあなた。きっとあなたは明日も生きているでしょう。ならば、明日という未来をよきものにするために、今日を全力で生きてください。

53

生きている「今」は、それ以上でもそれ以下でもない。

全機現（ぜんきげん）

今、生きているこの一瞬に、余すところなくすべてを現ずるということ。今、置かれている現実は、それ以上でもそれ以下でもない。欲しい服があるけれど、今もっているお金では買うことができない。ならば、今あるお金で買える服を買えばいい。ただそれだけのことです。

厳しい時代といわれています。日本はまだまだ不景気の中にあり、そのうえに大きな災害にまで見舞われました。お金がなくなる。このままでは生活が立ちゆかなくなり、生きていることの虚しさを感じる。そのような意味からすれば、厳しい社会情勢であることは間違いありません。

禅の世界では、命は預かりものだとされています。綿々と続いてきたご先祖様から、今という時代に命を預かっている。預かりものですから、いずれはそれをお返ししなければなりません。その、お返しをするときが、それぞれの人の寿命ということになるのです。預かっている大切なものを、自分勝手に捨ててはいけません。

では、どうして人は虚しくなるのか。それは、不必要に執着しているからです。この洋服でなくてはならない。絶対に家を手放したくない。そういった執着心があるから、どんどん気持ちが追い込まれていく。そして追い込まれた先に、もう生きていたくないという心があるわけです。

あなたにとって、具体的に厳しいものを並べてみてください。きっとそのほとんどは、あなたの心にある執着心がそう思わせているだけです。

厳しさが大きいほどに、それを乗り越えたときの喜びも多くなる。人生は捨てたものではありません。

54

生きていることの奇跡に感謝する。

水流元入海　月落不離天

（みずながれてもとうみにいり　つきおちててんをはなれず）

どこを流れる水も、最後は海にたどり着いて一つになり、東からのぼり、西に沈んでいく月も決して天から落ちることはない。すべてのものは一に帰すものであり、その根源は一つです。今生きていられる、仏の命に感謝の気持ちをもつことです。

あなたのからだは、あなたがつくったものでしょうか。あなたの目や口や内臓は、あなたの意思で生まれたものでしょうか。からだのどの部分をとってみても、自分自身でつくり出したものは一つもないのです。どれも皆、大宇宙が生み出した不思議な生命です。すなわち仏教でいうところの「仏様」がつくってくれたものです。

たとえば、朝起きたとき、いきなり家事や外出の支度をするのではなく、五分静かに考える時間をもつ。いつもより五分早起きする。そして一杯のお茶などを飲みながら、静かな時間を過ごしてみる。目をつぶって過ごすのもよし、窓から外の自然を眺めるもよし。これらは、実は坐禅《ざぜん》と同じことなのです。「今日も生きていることができた」。生きているという奇跡のような喜びを噛《か》みしめながら、感謝の気持ちをもってみてください。たったそれだけで、一日が充実したものになります。

感謝の気持ちをもつことで、心には余裕が生まれます。優しい気持ちや思いやる気持ちが芽生えてくる。そして、そういう人のもとには、たくさんの人が集まってくる。感謝の気持ちが、思いやりや優しさを運んできてくれるのです。生きているということは、ただそれだけでありがたいこと。いずれ必ず、人間は旅立ちの時を迎えます。それも、一〇〇年も二〇〇年も先のことではない。たった数十年という人生なのです。自分に与えられた命に、感謝の気持ちをもつことです。

55

比べることをあえてやめてみる。

主人公（しゅじんこう）

ドラマや映画で使う「主人公」とは少し意味が違います。誰もが自分自身の中に「仏」をもっている。それは「本来の自己」ともいうべきものです。もっとわかりやすくいえば、「自分の本当の姿」ということになるでしょう。その姿と出会うことこそが、自分だけの人生を生きるということです。

生きるとはどういうことか。まさに根源的で難しい問いかけですが、考えてみれば人間の歴史とはその答えを探し続けてきた歴史でもあるのでしょう。人間が他の動物と異なるところは、ただ単に生命を維持して、子孫を残すために生きているのではないということ。自分は何のために生きているのか。自分が存在している意味はどこにあるのか。そのことを追求し、答えを探し続けることこそ、人間にしかできない行為ともいえるのです。

ところが、人間はなかなか「主人公」に出会いません。自分と他人を比べようとするからです。まわりとばかり比較して、喜んでみたり落ち込んでみたりする。そんなことをしていれば、本当の自分の姿に出会えるはずはありません。

幼かったころの自分を思い出してみてください。あなたが好きだったことは何ですか。どんな気持ちで毎日を過ごしていましたか。何を楽しいと思い、何を悲しいと感じていましたか。遠い日の自分の心と、もう一度向き合ってみてください。それこそが、本当のあなた自身なのです。子どものころは、自分と他人を比べません。たとえ比べたとしても、そこに上下や差別などを生みだしたりはしない。比べさせているのは大人たちです。必要以上に比べることは、結局は自分の姿を見失うことになる。ほんの少し、比べることをやめてみることです。

56

心を鍛える場をもつ。

直心是道場（じきしんこれどうじょう）

「直心」とは自分のありのままの気持ちということ。自分が本当にしたいことという意味です。その「直心」がすなわち、人生における「道場」になる。「道場」とは、自らの心が生み出す修行の場です。そして人生の中に、自分を鍛える「道場」がなければ、人間というのは成長しません。

前を向いて生きるために必要なこと。それは「発心《ほっしん》」をすることです。「発心」とは読んで字のごとく、心を発すること。やろうという気持ち、がんばってみようという気持ちを強くもつことです。

夢や目標をもつことは、実は簡単なことです。心にそれを思い描くことは誰にでもできるでしょう。大切なことは、その夢や目標に向かって一歩を踏み出すかどうか。それが前向きに生きられるかどうかの境目になってくるのです。

自分が置かれた環境のせいにしたり、他人のせいにしたり、あるいは自分の能力にあきらめの気持ちをもったりする。そして結局は、何もしないままに無為《むい》な日々を過ごしてしまう。それは、後ろを向いて生きているのと同じことです。

とにかくまずは始めてみること。やりたいという気持ちがあるのならやってみる。途中で挫折《ざせつ》するかもしれない。夢にはたどり着けないかもしれない。でも、結果なんて関係ありません。やりたいことに向かって必死に歩むこと。向かい風に見舞われたとしても、自分を信じて歩き続けること。それが人生というものです。

やりたいことをやるためには、楽しいことばかりではありません。いろいろなことを乗り越えてこそ、充実感が生まれてくるのです。やりたいことができない。その言い訳をする前に、まずは一歩を踏み出してみることです。

57

いつでも手放せるようにしておく。

本来無一物（ほんらいむいちもつ）

人間はこの世に生まれてくるとき、何ももってはいません。まさに無一物の状態で生まれてきます。そして旅立つときも、何ももっていくことはできない。これが人間の真実であるということを、いつも心のどこかに置いておくことが必要だと思います。

生まれてきたときには何ももっていないのに、成長していくにしたがって、そして欲望が芽生えていく中で、人はさまざまなものをもつようになります。気がつけば家をもち、車をもち、身のまわりにはものが溢れている。よく考えれば不要なものまで、とにかくたくさんのものに囲まれてしまっている。そんな生活を続けていく中で、いつのまにかそれが当たり前だと感じるようになります。

人間の欲望は留まるところを知りません。欲しいものを一度手に入れたからといって、それで満足することはない。手に入れた喜びはすぐに色褪《いろあ》せてしまい、またすぐに次のものが欲しくなってしまう。それに加えて、一度手に入れたものは絶対に手放したくないと思ってしまう。失うということが恐ろしくなってしまうのです。

今一度「本来無一物」という言葉を頭の中に思い浮かべてみることです。あなたは今、こうして生きているはずです。命があるのなら、そのありがたさを素直に感じることです。すべてを失ったとしても、ものは再び手に入れればいい。命さえあれば、誰もがやり直せるのだということを信じてほしい。裸一貫から始めるという言葉がありますが、この裸一貫こそが本当の人間の姿なのです。けっして心が折れてはいけない。絶対に生きることをあきらめてはいけません。小さな幸せを日々に感じながら、前を向いて歩いてほしいと心から祈っています。

58

苦しみや悲しみは絶対に続かない。

万法帰一（ばんぽういちにきす）

不幸せが永遠に続くことは、絶対にありません。苦しみや悲しみが一生続くことなどありません。今という時間を一生懸命に生きていれば、必ず状況は変わるのです。そしてこの世で起こっている森羅万象すべてのことは、いずれは同じところに帰っていく。万物は絶対的真理に戻っていくのです。

「生者必滅《せいじゃひつめつ》　会者定離《えしゃじょうり》」という言葉があります。この世に生を受けた者には、やがては必ず旅立ちの時がやってくる。この世で出会った人たちとも、必ず別れの時がやってくる。この世の中で、永遠というものは何一つ存在しません。「常」なるものなどこの世にはない。それが「無常」ということです。

　幸福の温かさに包まれているとき、人はそれが永遠に続くものだと信じて疑いません。それが人間というものです。しかし、今の幸福が永遠に続くことはないのです。世の中や自分の状況は常に移り変わり、留まるところがない。それが真実です。

　きっと頭の中では、皆がそのことをわかっているはずです。今の状況は永遠に続かないし、大切な家族との別れもいずれやってくる。そんなことはわかっているが、ついそこから目をそらしてしまう。必死になって今の幸せにしがみつこうとしてしまう。それはけっして悪いことではないでしょう。しかし一方では、無常であるという真実も心の片隅に置いておくことです。

　反対に、今が不幸せだと感じている人もたくさんいます。これも同じこと。その不幸せが永遠に続くことは絶対にありません。苦しみや悲しみが一生続くことなどありません。「禍福《かふく》は糾《あざな》える縄の如し」。常に表と裏とが代わる代わるやってくる。それを信じることです。

59

毎日淡々と生きることが生きがい。

日々是好日（にちにちこれこうにち）

よき日、悪しき日を比べることなく、その日その瞬間にしか得られない大切なこと、そこにこそ目を向けて、生きている意味を感じとることが大事です。あなたの日常生活に目を向けてください。小さな生きがいの種をかき集めていれば、やがては美しい花が咲くことでしょう。

誰もが皆、生きがいというものを求めて人生を送っています。生きがいとは、世の中に認められて誰かの役に立つこと。これに尽きるのではないかと思います。

認められるというのは、何も会社で評価されたりお給料が増えたりというだけではありません。それは単なる結果にすぎません。たとえば、母親が世話をしなければ赤ちゃんは生きてはいけません。乳を与え、おむつを替え、しっかりと抱きしめる。母親というのは、赤ちゃんに絶対的に必要とされている。誰かから必要とされている。この喜びこそが人間にとってはいちばん喜びとなるのです。

もっといえば、生きがいとは人と人との関係からしか生まれてはきません。たとえば、職人さんにとってはいいものをつくることこそが生きがいになっているでしょう。毎日独りきりで、ひたすらにつくっている。そこには一見、人との関わりがないように見えます。しかし、自分がつくったものを喜んで使ってくれる人がいるからこそ、それが生きがいとなる。「誰かのため」という気持ちがあってこそ、私たちはそこに生きがいを見出せるのです。

そして人生とは、平凡な日々をくりかえすことでもあります。しかし、その淡々とした日々こそが生きるということなのです。生きがいとは、温かく静かなあなたの日々の暮らしの中にきっとあるはずです。

生きていることが愛おしい

あるお檀家さんの話をしようと思います。

七〇歳を少し過ぎた、ある女性がいます。以前は、ご主人と二人の息子さんの家族四人でごく普通の幸せな日々を送っていました。ところが、ご主人は日本の高度成長期に企業戦士として働き続け、ついに過労が原因で亡くなってしまいました。その後しばらくしてご長男が婚約し、結婚式を待ち望んでいた。もうすぐ孫の顔が見られる。ご婦人は心からそれを楽しみにしていました。

ところが結婚式を間近に控えたある日、ご長男は交通事故に遭い、亡くなったのです。親が子どもを亡くす。それはおそらく、この世でもっとも悲しいことではないかと思います。祖父母や両親を亡くすことも大変なことですが、それはどこかで順番だとあきらめることもできます。悲しみから立ち直ることもできる。しかし、我が子を失う悲しみは、きっと一生かけても癒やされることはないかもしれません。

ご長男を亡くしてしばらく、残されたご次男だけが心の支えとなっていました。

自分には、心優しい次男がいてくれる。たった一つの拠《よ》りどころでした。

しかし、不幸なことはまだ続きます。今度は次男が若くして不治の病にかかってしまったのです。せめて次男の命だけでも救ってほしい。ご婦人は、ただ祈ることしかできませんでした。どうして仏様はご婦人にそんな試練を与えたのか。祈りが届くことはなく、ご次男はあの世に旅立っていきました。ご婦人は十数年の間に、夫と二人の息子を失ってしまったのです。

お墓参りにやってきたそのご婦人が私にいいました。

「ご住職さん、私はとうとう天涯孤独になってしまいました。どうして私にはこんな不幸が重なるのでしょう。こんなに辛い思いをしてまで、私はこれからも生きていかなくてはならないのでしょうか」

涙を流しながら、ご婦人は私に問いかけました。私には返す言葉が見つかりませんでした。私は僧侶として修行や勉強に励んできた。今も日々修行に励んでいる。それでも私には、ご婦人の心を癒やす言葉が見つからなかった。ただ苦しみを心で分かつことしかできなかったのです。

同じような苦しみを味わったもう一人のお檀家さんがいます。その方は、ご主人が長い間病で床に伏せておられました。手術はしましたが、もう元のからだに戻ることはありません。看護と介護の生活が続いていました。五〇歳のご長男が母親のからだを心配し、会社を早期退職して介護を手伝うことにしました。もう長くはない命だから、せめて息子が父親を看取ってあげたいと。

ところが今度はその息子さんに、かなり進行したがんが見つかったのです。自らの余命を知りながらも、息子さんはギリギリまで父親の介護をしていた。もうこれが病院に来られる最後になるかもしれない。そう悟った息子さんは、看護師さんや医師たちに挨拶して回りました。「どうか父のことをよろしくお願いします」と。そして最後に父親を病院に見舞った数日後に、息子さんは旅立ったのです。その二週間後に今度はご主人が、ご長男の後を追うように旅立たれたのです。

こういう辛い話に、私は日常的に出会っています。胸をかきむしられるような苦しみに触れています。生きていることのありがたさ。健康で暮らしていることの素晴らしさ。そのことがいつも心に染み込んでいます。

「リストラをされてしまった。もう自分はダメだ。生きていたくない」「不景気で給料が減ってしまった。なんて自分は不幸な人生なんだ」。そんな言葉がまるで絵空事のように感じられます。仕事がなくなればまた見つければいい。生きていくための仕事ならいくらでもあるでしょう。給料が減ったところで、それが不幸になどつながりません。不必要なものを買わなければいいのですから。そんなことよりも、今生きているというありがたさに目を向けてほしいのです。

思いどおりにならないことなど、いくらでもあります。不幸なできごとが続くこともあるでしょう。それでも人間は、生きていくことが大切なのです。辛いことばかりが一生続くことなどありません。幸せが永遠に続くこともない。人生は山あり谷ありです。上ったり下ったり。いいときがあったり悪いときがあったりするのが当たり前。そして下った谷が深ければ深いほど、上った山からの風景は美しく見えるものです。どんな不幸にも谷底がある。底までたどり着いたら、もう不幸はそこで終わり。あとは上に向かって歩いてゆけばいいのです。

過去の出来事を振り返っても仕方がありません。過去の不幸には、「これもまた人生だ」と踏ん切りをつけて忘れること。大切なことは、今こうして生きているということだけなのです。

過去に縛られず、いたずらに未来を眺望しない。今という現在だけに心を尽くしていくこと。それがシンプルに生きるということではないでしょうか。複雑に考えれば考えるほど、悩みや不幸の数は増えていくものです。生あることに感謝をしてください。

おわりに

今年三月一一日に起きた東日本の大震災。東北地方を襲った大津波。そして福島第一原発の事故。その惨状を目にしたとき、私は言葉を失いました。そのときに感じたことを、少し書き記しておきたいと思います。

青森県から宮城県に至る三陸海岸には、二〇〇基もの大津波記念碑が建っているそうです。その石碑には、先人たちの警告が記されています。「ここより下に家を建てるな」と。昔の人たちが子孫に向かって、危険を伝えたいという思いでそれらは建てられています。「危ないから、ここから下には家を建てないように」と警告を発してくれている。これこそが代々受け継がれてきた伝承なのです。

もちろんその土地の人間は、その石碑の存在を知っています。ここまで津波が襲ってくることがあると知っている。それでも多くの人たちは、高台は不便だからと低い土地に移り住んでいきました。海辺には巨大な防潮堤を築きました。科学技術の発展によって、昔では考えられないほど立派な防潮堤ができました。もうこれでだいじょうぶだと。ところが自然の力は、そんな人間の力や知恵を遥かに超えてしまった。

そこにあったのは、人間の奢《おご》りではないでしょうか。科学の力によって、自然さえもコントロールできるという奢り。その奢りがみごとに打ち砕かれたのです。先祖の警告に耳を貸さずに、文明の利器を過信してしまった。これは何も東北地方のことだけではなく、日本国じゅうがそうなっているのです。

もう一度私たちは、人間と自然が共存することを考え直さなくてはいけない。伝承や伝統というものに、もう一度目を向けなくてはいけない。私は心からそう思いました。

戦後の焼け野原だった東京が、オリンピックを開催できるようになるまで、一九年の歳月を要しました。技術の進歩はあれど、東北が復興するにはおそらくは十年単位の時間が必要でしょう。私たちは同じ日本人として、何をすればいいのでしょうか。

いちばん大事なことは、常に東北の人たちのことを心に留めておくことです。直接的に何かができなくても、間接的にでもできることがある。そういう思いやりを忘れないことが大切だと私は思っています。何もできなくとも、東北の人たちの気持ちを理解すること。それが仏教でいうところの「慈悲」の心なのです。

原発によって避難させられている福島の人たち。どんなに時間がかかっても、自分の土地に戻りたいといいます。「人間到処有青山」（↓128ページ）という禅語がありますが、一瞬にしてすべてを失った人にとっては別の話です。そう簡単に割り切れるものではありません。「もうその場所で農業ができないのなら、別の場所に移ればいいじゃないか」。アメリカ人などは、簡単にそういいます。彼らはもともと狩猟民族ですから、土地に対する愛着が薄い。ところが日本人は農耕民族です。自分の土地に根づき、その場所で働き生きてきた。先祖代々にわたって、一生懸命に土を耕してきたわけです。

農業さえできればいいというのなら、別に東北でなくてもできます。漁業ができればいいというのなら、日本じゅうに漁業の基地はある。そんなことは頭ではわかっています。それでも心が受けつけない。ご先祖様から受け継いだ土地を手放しては、ご先祖様に申し訳がない。自分たちの海を捨てることはできない。それが日本人としての心なのです。

その心を蔑《ないがし》ろにしては絶対にいけません。表面的な復興だけではなく、心の復興にも尽くさなくてはいけないのです。「あなたの土地を買いますから、別の土地に移り住んでください」。もしも政治家や行政がそんなことをいったとしたら、この国の精神は崩壊してしまいます。日本人の心が失われてしまいます。常に被災地の人たちのことを考えるというのは、常にその人たちの思いを理解することです。そして日本人には、そういう思いやりの心が受け継がれている。今こそ、よき日本人の心根を取り戻さなくてはいけないのです。

今回の災害では、たくさんの子どもたちが悲しみや苦しみを味わいました。家や学校が流され、友だちや家族を失った子どもたちも多い。自分の命は助かったけれど、両親や祖父母を失った——。小さな子どもの胸には、あまりにも大きすぎる悲しみです。私は仏様に仕える身ではありますが、そんな子どもたちに向かってかける言葉をもっていません。「がんばって生きてほしい」と、心の中で願うのが精いっぱいです。

しかし私は信じています。今回の大災害でどん底を味わった子どもたち。大人でも耐えきれないような苦しみを経験した子どもたち。彼らはきっと立ち直って、這《は》い上がってきてくれる。自分たちがどん底を味わったからこそ、自分たちの力で立て直そうとする強さが湧き上がってくるはずです。その強さを私たちは応援しなければなりません。

今、東北地方でがんばっている子どもたちの中から、きっと将来の日本を担うようなリーダーが生まれてくるでしょう。政治の世界や経済界、あるいは学問の世界で、日本を引っ張っていく人材が必ず育ってくるでしょう。苦しみや悲しみをバネにして、人の心が心底わかるリーダーが育ってくると私は信じています。そして、その子どもたちの支援を大人たちはしなければなりません。彼らの心が折れないように、再び前を向いて歩き出せるように、私たちは全身全霊を込めて見守ることです。

合掌

平成二十三年一二月吉日

枡野俊明

禅語　さくいん

あ

【安閑無事】あんかんぶじ……18
何の心配もなく、静かに暮らすことができる日々。安らかで平穏な状態。

【以心伝心】いしんでんしん……46
言葉にはできない悟りや真理を心から心へと伝えること。

【一日不作　一日不食】いちにちなさざれば　いちにちくらわず……134
人が人であるための基本的行為。人としてするべきことをする。社会のため、人のためになることをする。

【一志不退】いっしふたい……16
人の意見に惑わされたり一時の欲望に迷うことなく、わが志と共に歩み続けること。

【一心不生】いっしんふしょう……100
この世に存在するすべてのものは、仏である。それを厭《いと》わず受け止めること。

か

【風吹不動天辺月】かぜふけどもどうぜずてんぺんのつき……82
月はどんなに風が吹こうと、雲のように流されることがない。人間も、月のように煩《ぼん》悩《のう》や我執《がしゅう》が表れてもまったく動じない心をもつことが大切だ。

【夏炉冬扇】かろとうせん……122
「夏のいろりと冬の扇子」。どちらもその時期には必要のないもの。しかし、必要になる時が必ず来る。

【感應道交】かんのうどうこう……146
師と弟子が互いに心を感じ合う関係を築くこと。真剣に人間関係をもつことが大切。

【喜色動乾坤】きしょくけんこんをうごかす…26
穏やかで嬉しそうな顔をしている人は、天地を動かす力をもち、まわりにたくさんの人間が集まる。

【喫茶喫飯】きっさきっぱん……104
お茶を飲むときは、ただ飲むことだけに、ご飯を食べるときには、ただ食べることだけに集中する。今という瞬間に没頭すること。

【喫茶去】きっさこ……144
一杯のお茶を飲むときは、ただ無心にお茶をいただくのみ。日常生活が真理そのものであるということ。

【脚下照顧】きゃっかしょうこ……148
足元を見よ。自分の立ち位置を確認し、今できることに全力を注ぐ。そうすることで結果は自然についてくる。

【行住坐臥】ぎょうじゅうざが……126
日常生活のすべての行為、「行く」「止まる」「座る」「横になる」。いかなるときも、常に自らの立ち居振る舞いに気をつけることが禅の基本。

【薫習】くんじゅう……130
衣替えの折に使われる防虫香が、衣服に移りいい匂いになる。人間も互いに影響を受け合って生きるため、身を置く社会やつきあう相手を選ぶことが大切になる。

【結果自然成】けっかじねんになる……70
結果は、その人の血の出るような努力によって自然に生まれてくるもの。人間は誰しも生まれながらにして仏の心をもっている。それを磨くことが何より大事。

【枯木裏龍吟】 こぼくのりゅうぎん……*72*

一見邪魔に見える枯木でも、強い風によって鳴る音は龍の鳴き声と聞こえる。この世に存在するものは、すべて仏の心をもち役に立たないものなど何もない。

さ

【悟無好悪】 さとればこうおなし……*54*

何ものにも縛られずに、あるがままの姿を認めれば好き嫌いなどなくなってしまう。

【山中無暦日】 さんちゅうれきじつなし……*136*

隠遁生活を送る隠者にとっては、世の中の暦などは関係がない。「山中」は「本来の自己」を指す。常に自らが主体となって時間や空間を使いこなすことが大切。

【直心是道場】 じきしんこれどうじょう……*156*

自己のありのままの心が道場である。人生における「道場」とは、自らの心が生み出す修行の場である。

【時時勤払拭】 じじつとめてふっしきせよ……*34*

常に心の汚れ（煩悩、妄想）を払い除き努めることで、自分本来の清らかさ（本性）が現れる。

【自性清浄心】 じしょうしょうじょうしん……*108*

人間は誰しも「きれいな心」を本来もっている。執着心が出ると、心が汚れ見えなくなってしまう。互いに「きれいな心」を出し合うことで、いい関係が生まれる。

【主人公】 しゅじんこう……*154*

「本来の自己」。本来の自己と出会うことこそが、人生最大の重大事。

【受身捨身】じゅしんしゃしん……58
人間は多くの因縁が結ばれ「身を受けた」存在。自分の身を捨てても、まわりに尽くすこと。

【少水常流如穿石】しょうすいつねにながれていしをうがつがごとし……28
わずかな水でも、絶え間なく流れているとやがては固い石にさえも穴をあける。たゆまぬ努力の重要さを説く。

【人間到処有青山】じんかん いたるところせいざんあり……128
どこにいようと、自らが主体となって生きること。そのように生きることで、活躍場所が見えてくる。

【心外無別法】しんげむべっぽう……30
すべての現象や存在は、自らの心によって起こるもの。大切なことは、心のあり方。心の外に別の法があるわけではない。

【身心一如】しんじんいちにょ……98
心とからだは一体のもの。心の安定こそが、からだの調子を正常にする。

【水到渠成】すいとうきょせい……74
水が流れるところには、渠《みぞ》ができる。無心に努力を続ければ、必ず道は開ける。

【青山白雲】せいざんはくうん……102
天地自然の中では、すべて互いに支え合うことで存在している。対立して存在しているものなど何もない。

【清寥寥 白的的】せいりょうりょう はくてきてき……56
心が静かに透きとおり、明瞭なこと。

【全機現】 ぜんきげん……150

今この一瞬に、余すところなくすべてを現ずるということ。

【前後際断】 ぜんごさいだん……106

明日が必ずやってくるわけではない。だからこそ、今の一瞬を絶対的なものとしてとらえ、一つひとつ積み上げていくことが大切ということ。

た

【竹有上下節】 たけにじょうげのふしあり……80

竹は上下の節があるからこそ、真っすぐに長く伸びることができる。何事も、一つのことを完結して行うことが大切。

【天地与我同根　万物与我一体】 てんちとわれとどうこん　ばんぶつとわれいったい……50

この世に存在するものは、すべて同根。自分と他人は一体であり、そこに自他を区別しない。

【動中静】 どうちゅうのじょう……118

騒がしい日常の中にいても、静かな境地を保つことができる。周囲の声に惑わされないために、修行を重ねよ。

な

【日々是好日】 にちにちこれこうにち……162

その日その瞬間にしか得られない価値と意味を見つけ、その大切なことに目を向けて、生きている意味を感じとること。

【任運自在】 にんうんじざい……92

計らいの心を捨て、巡り合わせの大きな流れに任せて、あれこれをいっさい考えないこと。

は

【白雲抱幽石】 はくうんゆうせきをいだく……*132*
白雲が、幽寂《ゆうじゃく》な石をただ抱くのみ。中国唐代の僧、寒山の隠遁《いんとん》生活の風情を表現したもの。ときにはひとりの時間を過ごす機会をもつべきだということを示唆している。

【把手共行】 はしゅきょうこう……*44*
苦しいときも悲しいときも、共に分かち合って人生を歩める心の友をつくることは尊い。最高の同行は、心の中の本来の自己。

【八面玲瓏】 はちめんれいろう……*84*
自己のつまらない計らいごとを捨て切って生きること。「八面」＝四方八方、どこから見ても曇りのない澄み切って美しい（＝玲瓏）さま。

【花無心招蝶　蝶無心尋花】 はなはむしんにしてちょうをまねき　ちょうはむしんにしてはなをたずぬ……*48*
因縁。春になると、蝶が花を求めて飛んでくる。至極自然に二つのものが結ばれているもの。これが自然の大法則。

ば

【万法帰一】 ばんぽういちにきす……*160*
万物は、絶対的真理に戻っていく。この世で起こっている森羅万象すべてのことは、いずれは同じところに還っていく。

【萬法一如】 ばんぽういちにょ……*68*
すべてのものの根源は皆同じ。全部がつながりあって成り立っている。自他を差別しない。

【無事】 ぶじ……*110*
何事にも振り回されないこと。不要なこと

に振り回されることが、悩みを生み出す原因になる。

【仏法如大海】 ぶっぽうたいかいのごとし……24
仏法とは、宇宙の大自然の法則に気づくこと。大海のように大きく、深く無限の広さをもっている。

【放下着】 ほうげじゃく……96
「放下」は、下に置く、「着」は命令を表す。すなわちいっさいの執着や思慮分別を放り捨てなさいということ。

【本来空寂】 ほんらいくうじゃく……42
人は一人で生まれ、一人で死ぬ。人は無常そのものの中に自分だけの人生を生きていかなくてはならない。

【本来無一物】 ほんらいむいちもつ……158
人間はこの世に生まれてくるとき、何ももっていない。旅立つときにも、何ももっていくことはできない。

ま

【莫妄想】 まくもうぞう……52
対立的なとらえ方から抜け出しなさいということ。妄想という邪念にとらわれることなかれ。

【水急不月流】 みずきゅうにしてつきをながさず……120
いかに水の流れが急であっても、その水面に映る月影は流すことはできない。世間に波風が立とうと、本来の自己は不動である。

【水流元入海　月落不離天】 みずながれてもとうみにいり　つきおちててんをはなれず……152
どこを流れる水も、最後は海にたどり着き一つになる。すべては一に帰すものであり、その根源は一つだということ。

【無一物中無尽蔵】むいちもっちゅうむじんぞう……78
執着を離れた心に、すべてのものがありのままに映る。そして絶対的真理を見ることができる。

【無心】むしん……94
心の中にあるさまざまな計らいごとを取り払うこと。雑念や執着心を払い、自分自身と対峙《たいじ》すること。

【無心風来吹】むしんにかぜきたりふく……22
風は、私たちを涼しくさせようとして吹いているわけではなく、ただ無心に吹いているだけのこと。

【無念夢想】むねんむそう……20
自分を縛っている自我や執着心、そして妄想から離れること。「とらわれの心」から解放されること。

【面壁九年】めんぺきくねん……76
投げ出さずに、とにかく継続することが成功へのいちばんの近道。

や

【柳緑花紅】やなぎはみどり　はなはくれない……32
自然は、ありのままの姿を私たちに見せてくれる。その姿こそが真実の姿であり、不変不動の真理が宿っている。

ら

【露】ろ……60
すべてむき出しにする。心をすべて開く。

わ

【和顔愛語】わげんあいご……124
いつもやわらかい笑顔で、心のこもった穏やかな言葉づかいをするという心がけをしていれば、気持ちは自然とやわらいでくる。

枡野俊明《ますのしゅんみょう》

1953年神奈川県生まれ。曹洞宗徳雄山建功寺住職、庭園デザイナー、多摩美術大学環境デザイン学科教授、ブリティッシュ・コロンビア大学特別教授。玉川大学農学部卒業後、大本山總持寺で修行。禅の庭の創作活動を行い、国内外から高い評価を得る。芸術選奨文部大臣新人賞を庭園デザイナーとして初受賞。ドイツ連邦共和国功労勲章功労十字小綬章を受章。2006年『ニューズウィーク』日本版「世界が尊敬する日本人100人」に選出される。主な作品に、カナダ大使館東京、セルリアンタワー東急ホテル日本庭園「閑坐庭」、ベルリンの日本庭園「融水苑」など。主な著書『禅、シンプル生活のすすめ』(三笠書房)、『人生が豊かになる 禅、シンプル片づけ術』(河出書房新社)、『禅的シンプル仕事術』(実業之日本社)、『そのままで 心を楽にする禅の言葉』(朝日新聞出版)他多数。

禅《ぜん》の言葉《ことば》　シンプルに生《い》きるコツ

2011年12月30日　第1刷発行
2012年10月10日　第6刷発行

著　　者　枡野俊明《ますのしゅんみょう》
発 行 者　佐藤　靖
発 行 所　大和書房《だいわ》
東京都文京区関口1－33－4
電話　03(3203)4511

装幀・本文デザイン　松倉　浩
本文イラスト　山崎美帆
編集協力　網中裕之
校　　正　別府由紀子

本文印刷　信毎書籍印刷
カバー印刷　歩プロセス
製　　本　ナショナル製本

ISBN978-4-479-39221-7

http://www.daiwashobo.co.jp/